LAUGHTER:
The Navajo Way

Humorous Stories of The People *(in Navajo and English)*

Collected and Annotated
by **Alan Wilson**
with Gene Dennison–
Navajo Informant

An Audio-Cassette Program

Especially created to accompany this
book is one instructional audio cassette.
It is available from the publisher.

auDiO·FORUM

A Division of Jeffrey Norton Publishers
Guilford, Connecticut

Laughter: The Navajo Way

ISBN 0-88432-452-4   text and cassette
ISBN 0-88432-610-1   text only

Cover: Drawing of a modern-day Navajo hogan (or house),
        the center of religious ceremonies and rituals.

Published by Audio-Forum,
a division of Jeffrey Norton Publishers, Inc.
On-the-Green, Guilford, Connecticut 06437

LAUGHTER: THE NAVAJO WAY

ACKNOWLEDGMENT

The authors are boundlessly grateful to the many
Navajos who made these stories available. Very special
thanks are given to Bill Chapman, Grants, New Mexico,
who so generously gave of his time and labor to type
the entire manuscript, and to Kaye Walker, University
of New Mexico, Gallup Branch, whose proofreading of
and suggestions about both intermediate and final drafts
have been invaluable.

PREFACE.

This book has been prepared for the use of teacher, ethnologist, linguist, Indian studies scholar, language student and for any and all of us, Navajo or non-Navajo, who have interest in the languages and cultures of the earlier inhabitants of this continent. These pages owe their existence above all to the people from whose culture and language the stories have taken seed and grown. The stories are Navajo: they reflect the Navajo love for, and genius with, words and humor. Although some of the stories are ancient, they are still being told by contemporary Navajos and listened to with great relish indeed.

The subtlety and beauty of the Navajo language is brought to bear upon a great variety of situations with an alchemy that renders them startlingly humorous. One story in the collection evolves into a fantastic, tri-dimensional pun, utilizing double plays on three words and on color as applied to both horses and monetary designations. Other jokes catch the homophonous relationships between certain English and Navajo words or expressions and display them as gentle joshings of difficulties the Navajo speaker has with English.

The stories inevitably provide vibrant insights into both language and culture. It is anticipated that the

"exploded" style of the format will provide unusual oppor-
tunity for analysis of the components of each joke.

Most of the humor in this volume is of three basic
styles:

(a) Word plays, entirely in Navajo, whose intentions are
either deliberate or whose denouements depend upon misun-
derstanding, misinterpretation, or hardness of hearing.

(b) Word plays, involving both the Navajo and English
languages, which capitalize upon a marginal grasp of Eng-
lish by one of the characters involved.

(c) Situational stories whose humor results from practi-
cal joking, foolish behavior, tongue twisting, accidentally
ridiculous situations, etc.

Each story is presented in the following pattern:
Text in Navajo (tape recorded), translation of text (into
colloquial English),* explanation of text, utterances from
the text (tape recorded), individual lexical items from
the text, questions and answers in Navajo about the text
(tape recorded), verb paradigms, and where indicated,
cultural notes about the text.

The technical part of the book, the Navajo text, ques-
tions and paradigms are intended for use by second semes-
ter (and beyond) students of the language. The transla-

---

  * See section entitled A Note on Frequently-Used
  Rhythm Words in Navajo Narration for an example
  of literal word by word translation.

tions, explanations, utterances, vocabulary, and cultural
notes make the information in the basic Navajo text avail-
able to every interested person.

It is hoped that this book will provide unusually
refreshing insights for all of us into the Navajo world,
and that the student of the Navajo language will be able
to make quantum strides in his acquisition of important
new vocabulary and idiom.

FOR INSTRUCTOR AND STUDENTS OF NAVAJO

This work, related to a program of Navajo language study, will be most effective in about the second semester of work....after at least a tender grasp of the basics is assured. Some ability to tell humorous stories fluently is an incredible asset in establishing rapport with Navajos far and wide.

The narrative should first be presented in toto to the students, at normal speed. Students listen. Next, choral, group and individual drill of utterances (from the section Utterances from the Text) is effective. As soon as an utterance has been understood and mastered, (the utterances are brief) students should be asked questions in Navajo about the utterance (use the section Questions); then, chained question-answer activity should be initiated, one utterance, one question at a time. After this stage, tardy learners may be asked to narrate as far as their experience with listening, repeating utterances, and answering questions in Navajo will allow them. Students should feel free to take a shot at the general form of an utterance or of the narrative. Refinement, through repetion and experience, will follow.

A NOTE ON FREQUENTLY-USED

RHYTHM WORDS IN NAVAJO NARRATION

The stories in this collection are replete with ání, jiní, ní jiní, ńt'ę́ę́', shį́į́, etc. A good example is the very first story, on page 1. These words all have meaning within the text of the story, of course (although exact translation is sometimes difficult), but they seem to have the additional function of providing momentum and rhythm. The utterances sound quite abrupt and rather hollow without these swift resonances. They do not appear in the translations with the frequency that they occur in the Navajo text.

The words and their meanings are given herewith. They are not repeated in the individual vocabularies beyond the first couple of units.

ní	he, she, it says
ání	he, she, it says
jiní	it is said (it has been related)
ní jiní	he says, it is said
ńt'ę́ę́'	it was (often begins utterances in narration)
shį́į́	probably
ńt'ę́ę́' shį́į́	it probably happened that (it was probably)
léi'	the, a certain one (used less frequently than the above words, but often enough to be included as a momentum potential)

The following literal translation of the text on page
one will afford a closer look at the intensity of these
words within the narrative fabric; and indeed provide a
better insight into the system or pattern of Navajo nar-
rative structure in general.

Ashkii	yázhí	dóó	bimásání	léi'
boy	small	and	his grandmother	the certain one

neeshch'íí'	náyiilááh	jiní.
piñons	the two of them are gathering	it is said

Ńt'ę́ę́'	ashkii	ání	"Shimásání	óo,"
it was	boy	he says	my grandmother	say!

ní	jiní,	"kojí	neeshch'íí'
he says	it is said	here	piñons

daantsaaígíí	t'óó'ahayóí,"	ní	jiní.
ones that are big	many	he says	it is said

Ákoshíí	hamásání	shíí	t'áadoo
so probably (then)	his grandmother	probably	not

hazhó·ó	hodiizts'ą́ą́'	da.	Áko	hamásání
well (slowly)	she heard him	not	so	his grandmother

ní	jiní:	"dajitsaahgoósh
she says	it is said	the ones who are dead?

ńdach'iilááh,"	ní	jiní.
they are picking	she says	it is said

THE VERB PARADIGMS

Verb paradigms for the stories are given at the end of
each story unit. The paradigms are presented in the mode
or tense in which they appear in the story. The paradigm-
atic organization is simple: a singular, a dual plural, and
a distributive plural are shown in the first three persons
each.* Example in the imperfective mode (present tense) of
the verb to work:

Singular   Dual

1. naashnish (I work)   neiilnish (we two work)

2. nanilnish (you work)   naałnish (you two work)

3. naalnish (he,she,it works) naalnish (those two work)

Distributive Plural

ndeiilnish (all of us work)

ndaałnish (all of you work)

ndaalnish (all of them work)

Another example: To go into (perfective - translated as
                  past tense)

Singular   Dual

1. yah ííyá (I went into it)   yah íít'áázh (we two. . .)

2. yah ííníyá (you. . .)   yah oo'áázh (you two. . .)

3. yah ííyá (he,she,it. . .)   yah íí'áázh (they two. . .)

* A fourth form, the 3a, occasionally appears in the text.
  It is omitted in the paradigms.

Distributive Plural

yah ííkai (all of us . . .)

yah ookai (all of you . . .)

yah eekai (all of them . . .)

NAVAJO MODES & TENSES

1. Future (future tense) - Action will occur in the future.

2. Imperfective Mode - Is translated most commonly as a simple present tense. The indication is that the action of the verb has not been completed.

3. Continuative Imperfective (aspect) - Translated as a simple present tense. Verbal action is considered to be continuing or enduring.

4. Perfective Mode - Translated as a past tense. Action is complete.

5. Si-Perfective - Translated as a past tense and sometimes as a present in the si-perfective neuters.

6. Progressive Mode - Translated with a gerund and "to be" auxiliary; e.g., "I am walking along." Action is in progress.

7. Neuter - Translated as a present tense in English.

8. Usitative Mode - Translated in English as a present tense, with the implication that the action usually or habitually takes place.

9. Iterative Mode - Translated as a present tense, often in conjunction with an adverb such as repeatedly, always, etc.

10. Optative Mode - Expresses desire. Translated frequently as "I wish that . . ."

A BRIEF EXPLANATION OF THE

NAVAJO SOUND SYSTEM

The representations given are only approximate. For a very clear tape-recorded exposition of the Navajo sound system see Breakthrough Navajo:an Introductory Course (text and tape) by Alan Wilson, University of New Mexico, Gallup Branch.

The four basic vowels:

  a - a in father

  e - e in set

  i - i in bit

  o - o in go (without offglide)

There are also long vowel sounds in Navajo. They are represented by doubling the vowel letter:

  aa - a longer, more drawnout a

  ee - e in they (without offglide)

  ii - i in machine

  oo - a longer, more drawn out o

Vowel tone (voice pitch) may be low, high, falling, or rising. An acute accent mark indicates tonal variance.

  a, e, i, o - low tone

  á, é, í, ó - high tone

  áa, ée, íi, óo - falling tone

  aá, eé, ií, oó - rising tone

Nasalized (nasoral) vowels---vowels pronounced through the
mouth and nose simultaneously---are represented thusly:

ą, ę, į, ǫ.

The Diphthongs:

ai   -   y   in why

aii   -   as above, but last element long

aai   -   first element long

ao   -   ow   in   how

aoo   -   last element long

ei   -   ey   in   they

eii   -   last element long

oi   -   uoy   in   buoy   or   ewy   in dewy

ooi   -   first element long

The Consonants:

'   -   represents a glottal stop. The glottal stop
          at the beginning of and between the English
          exclamation "oh oh" would be represented
          " 'oh 'oh."

b   -   voiceless, unaspirated; something like p in spot

d   -   voiceless, unaspirated; something like t in stop

dl   -   d and l pronounced simultaneously

dz   -   somewhat like dz in adze

g   -   voiceless, unaspirated; something like k in skid

x,h -   h in hot and often like ch in German doch

hw   -   wh in where

gh : the voiced equivalent of x (as in German do<u>ch</u>)

j - between English <u>j</u> and <u>ch</u>

k - voiceless, pronounced with velar aspiration

kw - <u>qu</u> in <u>qu</u>ick

k' - produced by releasing the back of the tongue
from against the soft palate and releasing
the glottal closure simultaneously

l - <u>l</u> in <u>l</u>id

ł - voiceless; tongue is in <u>l</u> position and aspir-
ation is lateral (along the side or sides of
the tongue) without voicing

t - pronounced with velar aspiration

t' - produced by simultaneous release of glottal
closure and tip of tongue from the alveolar ridge

ts' - <u>ts</u> position with simultaneous tongue and
<u>g</u>lottal releases described above

tł - <u>t</u> and <u>ł</u> pronounced simultaneously

tł' - <u>tł</u> position with simultaneous tongue and
<u>g</u>lottal release

zh - <u>s</u> in mea<u>s</u>ure

The consonants represented by <u>ch</u>, <u>m</u>, <u>n</u>, <u>s</u>, <u>sh</u>, <u>ts</u>, <u>w</u>, <u>y</u> and <u>z</u>
are very close to their English equivalents in pronunciation.

The consonant represented by <u>ch</u>' is produced by placing the
speech organs in the <u>ch</u> position with simultaneous tongue and
glottal releases.

Table of Contents

TEXT

TEXT 1

Ashkii yázhí dóó bimásání léi' neeshch'íí' ná-
yiiláán jiní. Ńt'ę́ę́' ashkii ání: "Shimásání óo," ní
jiní, "kojí neeshch'íí' daantsaaígíí t'óó'ahayóí," ní
jiní.

Ákoshį́į hamásání shį́į t'áadoo hazhó'ó hodiiz-
ts'ą́ą' da. Áko hamásání ní jiní: "Dajitsaahgoósh ńda-
ch'iiláán," ní jiní.

TRANSLATION OF TEXT

A little boy and his grandmother were gathering piñons.
Suddenly the little boy said: "Grandmother, there are a lot of big-
ger piñons over here."

His grandmother didn't hear him quite correctly. She replied:
"A dead person doesn't pick piñons."

EXPLANATION OF TEXT

The humor in this story centers around a play on the words daantsaaígíí (bigger ones) and dajitsaahgo (a dead person). The grandmother understands the boy to say dajitsaahgo, which really means "if one is dead" or "if one is already deceased."

UTTERANCES FROM THE TEXT

1. ashkii yázhí dóó bimásání léi' — a little boy and his grandmother

2. neeshch'íí' náyiilááh jiní — were(are) gathering piñons, it's said

3. ńt'ę́ę́' ashkii ání jiní — suddenly the boy said

4. shimásání óo — hey, grandma!

5. kojí neeshch'íí' daantsaaígíí — over here there are a lot of bigger
   t'óó'ahayóí — piñons

6. ákoshíí hamásání shíí — it happened his grandmother (probably)

7. t'áadoo hazhó'ó hodiizts'ą́ą' da — didn't hear him quite correctly

8. áko hamásání ní jiní — then the grandmother replied

9. dajitsaahgoósh ńdach'iilááh — oh, dead people don't pick piñons

2

VOCABULARY

1.	ashkii yázhí	little boy
2.	dóó	and
3.	bimásání	his grandmother
4.	léi'	a certain one, certain person (used frequently in Navajo narration and often not translated into English)
5.	neeshch'íí'	piñons, nuts
6.	náyiiláah	they(two) were(are) picking, gathering piñons
7.	jiní	it is said, so it was (used with great frequency in Navajo narration, but not translated)
8.	ńt'ę́ę́' or ńt'éé'	it was; it used to be; this word is used often with verbs in the imperfect to form a past tense
9.	ání jiní	she says; it is said
10.	shimásání	my grandmother
11.	kojí	over here; over this way
12.	daantsaaígíí	bigger ones; the ones that are bigger
13.	t'óó'ahayói	many; a lot
14.	áádóó	and then
15.	hamásání	his grandmother
16.	t'áadoo hazhó'ó	not properly; not in a correct way
17.	hodiizts'ą́ą́'	she heard him
18.	áko	then
19.	dajitsaahgo	one who is deaceased
20.	ńdach'iiláah	they are picking

QUESTIONS

1. Háísh neeshch'íí' náyiilááh?   Ashkii dóó bimásání.

2. Ha'át'íí náyiilááh?   Neeshch'íí'.

3. Ashkiiísh ha'át'íí ní jiní?   "Shimásání óo, kojí neeshch'íí' daantsaa-
                                    ígíí t'óó'ahayóí."

4. Ákoósh hamásání hazhó'ó   Ndaga', t'áadoo hazhó'ó hodiizts'ą́ą́' da.
   hodiizts'ą́ą́'?

5. Áko hamásáníísh ha'át'íí   "Dajitsaahgoósh ńdach'iilááh," ní jiní.
   ní jiní?

VERB PARADIGMS

Singular	Dual	Distributive Plural

To Gather Piñons - Imperfective

	Singular	Dual	Distributive Plural
1st	neesch'íí' náháshłááh	neeshch'íí' náhiidlááh	neesch'íí' ńdahiidlááh
2nd	neesch'íí' náhílááh	neeshch'íí' náhołááh	neesch'íí' ńdahołááh
3rd	neesch'íí' náyiilááh	neeshch'íí' náyiilááh	neesch'íí' ńdayiilááh

To Hear It; To Understand It - Perfective

	Singular	Dual	Distributive Plural
1st	diséts'ą́ą́'	disiits'ą́ą́'	dadisiits'ą́ą́'
2nd	disíníts'ą́ą́'	disoots'ą́ą́'	dadisoots'ą́ą́'
3rd	yidiizts'ą́ą́' or hodiizts'ą́ą́'	yidiizts'ą́ą́'	deiidiizts'ą́ą́'

4

CULTURAL NOTE

Piñons are gathered by shaking the limbs of a piñon tree and allowing the nuts to fall onto the ground. Berard Haile says:

> At best even pinyon gathering is a laborious task. But it is just part of the Navajo struggle for a livelihood in a forbidding environment. The nut periods are intermittent, perhaps even three to five years and, in Navajo belief, depend much upon early and heavy snowfall in the nut crop sections ....
>
> There is another technique for making "gathering nuts" possible: neeshch'íí nańłhaał, haal, hał,[1] club them down from the tree! ... As a rule, however, the aim is inaccurate and nuts fall beyond the receiving blanket.
>
> The native bé'ézhóó' broom comes in handily for sweeping these offals together, hence, diné neeshch'íí ńdayishóóh, people brush pinyon nuts. . .
>
> If the nuts are sold by the sack or pound, we get neeshch'íí' doo ílíí da pinyons are not worth much.
>
> More commonly then they are prepared for home consumption in terms of: neeshch'íí' ńłt'ees pound or shell the hulls with the metate.
>
> After the process we produce atł'ish yik'á, nik'á. She or you grind for pinyon butter, which equates with our peanut butter and its uses.
>
> The pinyon crop is at best a precarious bet, but is sought by many families as opportunity arises.[2]

---

1 Haile's orthography has been changed to the Young-Morgan orthography in this quotation.

2 Haile, Berard, _Learning Navajo_, Volume 4 (St. Michaels, Arizona: St. Michaels Press, 1948), pp.164-166

Ashkii yázhí léi' bimásání ííłní jiní:

"Shimásání éii, hahgoósh neeshch'íí'tahgóó ná-

dínídzá?"

"Yú-úh, shiyáázh ch'íiditahgóó doo shíni' da,"

ní jiní.

TRANSLATION OF TEXT

There was a little boy who said to his grandmother:
"Grandma, when are you going back to gather piñons?"
"Oh, I don't want to go to hell," she replied.

EXPLANATION OF TEXT

A play on the two words neeshch'íí'tah (among the piñons)
and ch'íidiitah (among the evil spirits, hell) is intended.
The implication is that the elderly do not hear well and
thus make fundamental errors in phonemic distinctions.

1. Ashkii yázhí léi' — a certain small boy

2. bimásání íílní jiní — said to his grandmother, it is said

3. shimásání éii — say, grandma

4. hahgoósh neeshch'íí'- — When are you going back to pick tahgóó nádínídzá? piñons?

5. Yú-úh, shiyáázh — Oh, my son

6. ch'įįdiitahgóó doo shíni' — I don't want to go to hell. (My da, ní jiní mind is not toward being among the evil spirits), so it is told.

VOCABULARY

1. íílní he, she said (says) to him, her

2. hahgoósh when? (referring to future time)

3. neeshch'íí'tah among the piñons. The enclitic -tah means among. With the enclitic -góó the meaning is "to where the piñons are."

4. nádínídzá you are going back again, returning again

5. yú-úh o-oh

6. chįįdiitah among the evil spirits. With the enclitic -góó, "to where the evil spirits are, to hell

7. shíni' my mind

8. doo shíni' da my mind is not. Combined with ch'įįdiitahgóó, "my mind is not toward where the evil spirits are," "I don't want to go to hell."

QUESTIONS

1. Ha'át'íísh ashkii yázhí
   bimásání ííłní jiní?

   "Shimásání, hahgoósh neeshch'íí'tahgóó
   nádínídzá?"

2. Áko bimásání ha'át'íí ní
   jiní?

   "Yú-úh, shiyáázh, ch'ídiitahgóó doo
   shíni' da."

3. Ashkiiísh bimásání neesh-
   ch'íí'tahgóó nádeesdzá?

   Hóla, doo ákǫǫ nádeesdzáa da, sha'shin.*

VERB PARADIGM

Si-perfective of to go back, to return

nádésdzá means I am going back

Singular	Dual	Distributive Plural
1. nádésdzá	nádeet'áázh	nádeekai
2. nádínídzá	nádishoot'áázh	nádisoohkai
3. nádeesdzá	nádeesht'áázh	nádeeskai

---

* sha'shin - probably

8

T E X T   3

Łah jiní amásání dóó bitsóí shį́į́ neesh-

ch'íí'tahgóó naazh'áázh. Ńt'ę́ę́' shį́į́ neeshch'íí'

shį́į́ náyiilááh jiní. Ńt'ę́ę́' at'ééd bimásání ííłní

jiní: "Shimásání kojí daantsaa," ní jiní.

Ńt'ę́ę́' hamásání ání jiní: "Ch'įįdiísh diní.

Dadeestsaałgoósh níyá!" ní jiní.

TRANSLATION

One day a grandmother and her granddaughter went
out among the piñon trees and were gathering piñons.
The girl said: "Grandma, there are big ones over here."
    The grandmother replied: "The devil you say! I
didn't come here to die!"

EXPLANATION OF TEXT

Here again is a <u>jeu</u> <u>de</u> <u>mots</u> on the words:
<u>daantsaa</u> (big, bigger ones) and <u>dadeestsaał</u>
(I'm going to die).

UTTERANCES FROM THE TEXT

1. łah jiní   one day, once upon a time

2. amásání dóó bitsóí shịị́   a grandmother and her granddaughter

3. neeshch'íí'tahgóó naazhʼáázh   went (the two of them) over among
                                          the piñons

4. ńt'ę́ę́' shịị́ neeshch'íí'   they gathered piñons
   náyiilááh jiní

5. ńt'ę́ę́' at'ééd bimásání ííłní   the girl said (it is said)
   jiní

6. Shimásání, kojí daantsaa   Grandma, there are big ones here

7. ńt'ę́ę́' hamásání ání jiní   her grandmother said

8. Ch'ịįdiísh dịní!   The devil you say!

9. dadeestsaałgoósh níyá ní jiní   I didn't come here to die

10

1. łah   once

2. jiní   day -from jí; literally,
                               when it is(was) day

3. bitsoí   grandchild; also, grandparent

4. neeshch'íí'tah(góó)   among the piñons(toward)

5. naazh'áázh   the two of them went

6. náyiilááh   the two of them
                               gathered (piñons)

7. at'ééd   a, the girl

8. kojí   over here

9. daantsaa   big ones

10. ch'įįdii(ísh)   evil spirits, devil (with
                               question indicator in parentheses)

11. diní   you say

12. dadeestsaał   I shall die

13. dadeestsaałgo(ósh)   I shall be in the state
                               of dying? (with question
                               indicator in parentheses)

14. níyá   I came

QUESTIONS

1. Háísh neeshch'íí'tahgóó naazh'áázh?   Amásání dóó bitsóí.

2. Hádą́ą́' ákǫ́ǫ́ naazh'áázh?   Łah jiní.

3. Ha'át'íísh áadi yaa naa'aash n̄t'ę́ę́?*   "Neeshch'íí' náyiilááh n̄t'ę́ę́."

4. At'ééd ha'át'íí ní jiní?   "Ch'įįdiísh diní. Dadeestsaałgoósh
                                      níyá!" ní jiní.

VERB PARADIGMS

Singular	Dual	Distributive Plural
To Go (and return) -	**Perfective**	
1. niséyá	nishiit'áázh	nisiikai
2. nisiníyá	nishoo'áázh	nisoohkai
3. naayá	naazh'áázh	naaskai
To Say; To Say It -	**Continuative Imperfective**	
1. dishní	dii'ní	dadii'ní
2. diní	dohní	dadohní
3. ní	ní	daaní
To Go; To Come; To Arrive -	**Perfective**	
1. níyá	niit'áázh	niikai
2. yíníyá	noo'áázh	noohkai
3. níyá	ní'áázh	yíkai

See page 4 for paradigm for <u>náyiilááh</u>   -   they gathered piñons

---

* What did they do there?

T E X T 4

At'ééd yázhí léi' dóó bimásání dach'iyáání

góne' yił yah íí'áázh. Ńt'ę́ę́' shį́į́ at'ééd bimá-

sání íiłní jiní: "Shimásání aají dooda. Aají

'big shot' t'éiyá da'ayą́," ní jiní.

Ńt'ę́ę́' shį́į́ bimásání ání jiní: "Yú-úh, shíísh

doo béésh yidishah da!"

TRANSLATION

A little girl and her grandmother went into an eating place together.

The girl said to her grandmother: "Not over there, Grandma. Only

big shots eat over there."

The grandmother answered: "Oh well, I can flash a knife, too."

EXPLANATION OF TEXT

In this story, the play on the words "big shot(s)" (pronounced without the s by Navajos who speak English marginally) and béésh yidishah (I flash a knife) is a good example of Navajo-English homophony. The result is a very effective piece of humor.

Again, grandmother misunderstands and believes that "knife flashers" eat over there.

UTTERANCES FROM THE TEXT

1. at'ééd yázhí | a little girl

2. dach'iyáání góne' yił yah íí'áázh | goes with (one other) into an eating place

3. at'ééd bimásání ííłní jiní | the girl says to her grandmother

4. shimásání aají dooda | not over there grandmother

5. aají "big shot" t'éiyá da'ayá | only big shot(s) eat over there

6. yú-úh, shíísh doo béésh yidishah da? | we-ell, I can flash a knife, too (I can't flash a knife?)

VOCABULARY

1. at'ééd — girl

2. dach'iyââní — eating place
   (ch'iyáán - food)

3. góne' — inside, in it

4. yił — with him, her

5. yah — into it, inside

6. íí'áázh — the two of them went

7. ííłní — he, she said to him, her

8. aají — over there (toward there)

9. dooda — no, not, don't

10. t'éiyá — only

11. da'ayą́ — they eat

12. yú-úh — expletive, such as
    o-o-h, w-e-e-ll, in English

13. shíísh — I? (a strong question, challenging
    in emphasis) "You mean, I . . ."

14. béésh — knife, iron

15. yidishah — I flash it (a knife)

16. doo yidishah dah — I don't flash it

QUESTIONS

1. Háá góne'shą'*at'ééd bimásání yił yah íí'áázh?

> Dach'iyââní góne' yah íí'áázh.

2. Ha'át'íí at'ééd bimásání ííłní jiní?

> "Aají dooda," ííłní jiní.

*Into where?

15

3. Ha'át'éegoshą' aají dooda?

                Aají "big shot" t'éiyá da'ayą́.

4. Áádóó ńt'ę́ę́' ha'át'íí bimásání ní jiní?

                "Yú-úh, shíísh doo béésh yidishah da,"

                ní jiní.

VERB PARADIGMS

Singular	Dual	Distributive Plural

To Go Into - Perfective

1. yah ííyá	yah íít'áázh	yah iikai
2. yah íníyá	yah oo'áázh	yah ookai
3. yah ííyá	yah íí'áázh	yah eekai

To Eat (intransitive) - Imperfective

1. ashą́	iidą́	da'iidą́
2. íyą́	ohsą́	da'oohsą́
3. ayą́	ayą́	da'ayą́

T E X T 5

A Tongue-twister

Dził ił yíłkizh áádéé' hastiin łïkizhí

łííłikizhí bił yíldlǫǫzh bił deezhtłizhgo bił

naazhtłizhgo bidah íítłizhgo bigod yishtłish.

TRANSLATION

From a juniper-spotted mountain, a spotted

man came trotting along on horseback, riding a

spotted horse. It stumbled and rolled. The

rider fell off and bruised his knee.

EXPLANATION OF TEXT

This utterance is a tongue-twister, with rapid sequences of
the voiceless "L" (Ł) being the tour de force. The text in English
does not (as is often the case) reveal the subtle weaving together
of phraseology to get great mileage out of the voiceless "L". The
result is a torrent of sibilance which, along with the denouement,
makes the utterance humorous to the Navajo ear.

UTTERANCES FROM THE TEXT

1. dził ił yíłkizh áádę́ę́'

    from a spotted mountain conifer (grove)

2. hastiin łikizhí łį́į́łkizhí

    a spotted man, a spotted horse

3. bił yíldlǫǫzh

    was trotting along

4. bił deezhtłizhgo

    it stumbled with him

5. bił naazhtłizhgo

    it rolled with him

6. bidah íítłizhgo

    he fell off it

7. bigod yishtłish

    he broke (bruised) his knee

18

1.	dził	mountain
2.	ił	conifer needle, evergreen branch
3.	yíłkizh	spotted
4.	áádę́ę́'	from there
5.	hastiin	a man
6.	łikizhí	spotted horse
7.	łį́į́łikizhí	a spotted horse (łį́į́' and łikizhí)
8.	bił yíldloozh	it was trotting along with him
9.	bił deezhtłizh(go)	it stumbled with him (the enclitic "-go" acts as an adverbializer)
10.	bił naazhtłizh(go)	it rolled with him
11.	bidah	downward
12.	íítłizh	he fell
13.	bigod	his knee
14.	yishtłish	he broke, bruised it

QUESTIONS

1. Háádę́ę́' hastiin łikizhí naaghá?*   Dził ił yíłkizhdę́ę́'.

2. Bilį́į́łikizhísh hóló̜?   Aoo', hóló̜.

3. Ha'át'íísh bił yíldloozh?   Łį́į́łikizhí bił yildloozh.

4. Bił deezhtłizhísh?   Aoo', bił deezhtłizh.

---

* naaghá - he comes from

5. Áádóóshą', haa hóót'įįd?*   Bił naazhtłizh.

6. Bidahísh íítłizh?   Aoo', bidah íítłizh.

7. Ha'át'ííshą' yishtłish?   Bigod yishtłish.

VERB PARADIGM

To Bruise One's Knee - Perfective

(first three persons singular)

1. shigod shéłtłish

2. nigod shíníłtłish

3. bigod yishtłish

---

* haa hóót'įįd - What happened?

20

T E X T 6

Ashkii yázhí léi' t'áá sáhó bimásání yił sikée jiní.

Ńt'ę́ę́' łah jiní ashkii yázhí atiingóó naayá. Ńt'ę́ę́' áádę́ę́'

t'áá hooyání ńálwod ńt'ę́ę́' ání jiní: "Shimásání, ńléidi

shicheii yę́ę bik'ich'íilwod lá," ní jiní.

"Íishją́ą́' shį́į́ tį' tsxį́íłgo ákǫ́ǫ́ diit'ash!" ní jiní

bimásání.

Ákoshį́į́ ákǫ́ǫ́ naazh'áázh ńt'ę́ę́'. Áadi na'ashǫ́'ii deesh-

ch'ízhii daaztsą́ągo sitį́igo ahił ńíí.lá jiní.

TRANSLATION OF TEXT

A small boy was at home alone with his grandmother. One day the
little boy went out to the road. He suddenly ran back and said:
"Grandma, Grandpa got run over out there!"

"Let's get over there fast," his grandmother said.

So over they went. What the boy was talking about was a dead
horned toad lying there.

21

EXPLANATION OF THE TEXT

The Navajos traditionally address the horned toad as <u>shicheii</u> -
"my grandfather." The boy, very young, does not realize the dual
significance of the statement. Grandmother thinks the worst.

UTTERANCES FROM THE TEXT

1. t'áá sáhó bimásání yił siké   was(is) sitting alone with his grandmother

2. ńt'éé' łah jiní   one day (past)

3. atiingóó naayá   he went to the road

4. t'áá hooyání nálwod ńt'éé'   suddenly he ran back

5. ńléidi shicheii yéé   over there my grandfather (deceased)

6. bik'ich'íilwod lá   was run over!

7. íísh jáá' shíí   exclamation "Really!"

8. tį' tsxíiłgo ákǫ́ǫ́ diit'ash   come on, let's get over there fast

9. áadi na'ashǫ'ii deeshch'ízhii-   over there (there was) a horned toad

10. daaztsą́ago sitį́igo   lying dead

11. ahił níí lá   he meant that

22

VOCABULARY

1. t'áá sáhó   alone

2. yił siké   he,she is sitting
                          with him,her

3. łah jiní   one day

4. atiingóó naayá   he,she went to the road

5. áádéé'   from here

6. t'áá hooyání   suddenly

7. nálwod   he ran back

8. ńléidi   over there

9. shicheii   my grandfather

10. yéé   used to be

11. bik'ich'íilwod   he was run over

12. lá   exclamation of surprise

13. ííshjáá' shíí   really!

14. tį'   let's go

15. tsxíįłgo   quickly

16. ákǫ́ǫ́   to there

17. diit'ash   the two of us are going

18. ákoshíí   then

19. naazh'áázh   the two of them went

20. áadi   over there

21. na'ashǫ́'ii   a serpent

22. deeshch'ízhii   rough, coarse

23. daaztsą́ągo   dead, being dead

24. sitį́igo   lying

1. Háísh t'áá sáhó bimásání yił siké?

   Ashkii yázhí t'áá sáhó bimásání yił siké.

2. Ashkii háágóósh naayá?

   Atiingóó naayá.

3. Hádą́ą́' ákǫ́ǫ́ naayá?

   Łah jiní ákǫ́ǫ́ naayá.

4. Áádę́ę́sh nálwod?

   Aoo', áádę́ę́' nálwod.

5. Ha'át'íísh nį́ı̨go nálwod?*

   "Shicheii yę́ę́ bik'ich'íilwod nį́ı̨go nálwod."

6. Áádóó ha'át'ííshą' bimásání ní jiní?

   "Íishją́ą́' shį́į́, tį' tsxį́ı̨łgo ákǫ́ǫ́ diit'ash,"
   ní jiní.

7. Ákǫ́ǫ́sh naazh'áázh?

   Aoo', ákǫ́ǫ́ náazh'áázh.

8. Ha'át'ííshą' áadi yik'íní'áázh?

   Na'ashǫ́'ii deeshch'ízhii daaztsą́ągo sitį́ı̨go

   yik'íní'áázh.

---

* What did he say when he came back?

24

VERB PARADIGMS

Singular	Dual	Distributive Plural

To Sit, To Be At Home - Si-perfective

	Singular	Dual	Distributive Plural
1.	sédá	siiké	naháatą
2.	sínídá	soohké	nahóotą
3.	sidá	siké	naháaztą

To Go and Come Back - Perfective

	Singular	Dual	Distributive Plural
1.	niséyá	nishiit'áázh	nisiikai
2.	nisíníyá	nishoo'áázh	nisoohkai
3.	naayá	naazh'áázh	naaskai

To Lie Down - Si-perfective

	Singular	Dual	Distributive Plural
1.	sétį	shiitéézh	shii jéé'
2.	sínítį	shootéézh	shoo jéé'
3.	sitį	shitéézh	shi jéé'

To Run Back - Perfective

	Singular	Dual	Distributive Plural
1.	náníshwod	náhini'niilcháá'	nánii jéé'
2.	néínílwod	náhini'noołcháá'	nánoo jéé'
3.	nálwod	náhini'neelcháá'	nání jéé'

TEXT 7

Áłchíní yázhí léi' jiní atiin baahgóó ndaanéego. Ńt'éé' shíí

hastiin léi' łį́į́' bił yíldloozhgo. Áłchíní na'ídééłkid jiní:

"Łį́į́' táa'go shits'áá' yóó ííjéé' ...ła' yistł'in dóó ła' łitso

dóó ła' dootł'izh. Éísh doo dawoołtsáá da?" ní jiní.

Ńt'éé' ashkii yázhí ábíłní jiní: "Yistł'inę́ę shíí nits'áá ńááł-

dáaz. Łitso dóó dootł'izh yę́ę́ shíí gíinsi bá hazlį́į'go nahaaznii'."

TRANSLATION OF TEXT

Some small children were playing by the roadside. A
man came along on horseback. He said to(asked) the
children: "Three of my horses have run away. One is
spotted, another is yellow and the other is blue(gray),
Have you seen them?"

A little boy spoke up: "The spotted one fell over. The
yellow one and the blue one were probably sold for
fifteen cents."

EXPLANATION OF TEXT

This story is a display of immensely clever punning upon three Navajo words. The joke features a triple play on words involving color, quality and monetary value applied to horses.

The three words, with double meanings are:

1) yistł'in   -   spotted, a stack
2) łitso   -   yellow, a nickle
3) dootł'izh   -   blue, a dime

The triple entendre comes about by the fact that a stack falls over (reference to the spotted horse), that the colors yellow and blue are applied not only to horses but have monetary values, as well, and that the sum of a dime and a nickle is fifteen cents—all of which makes the three lost horses seem a worthless lot.

UTTERANCES FROM THE TEXT

1. áłchíní yázhí   -   small children
2. atiin baah́góó   -   they are playing by the side of the road
3. ndaané(go)   -   they play

4. łį́į́' bił yíldlǫǫzhgo   — he came riding on a horse

5. áłchíní na'ídéélkid   — he asked the children

6. łį́į́' táa'go shits'ą́ą́' yóó iijéé' — three horses ran away from me

7. ła' yistł'in   — one spotted

8. dóó ła' łitso dóó ła' dootł'izh — and one yellow and one blue

9. éísh doo dawoołtsą́ą́ da?   — Have(n't) you seen them?

10. ńt'ę́ę́' ashkii yázhí ábíłní — then a small boy said

11. yistł'inę́ę shį́į́ nitsą́ą́' nááłdááz — the spotted one (the stack) fell over

12. łitso dóó dootł'izh yę́ę́ shį́į́ — the yellow and the blue (aforementioned)

13. gííinsi bá hazlį́į́'go nahaznii' — were probably sold for the price of 15¢

VOCABULARY

   1. áłchíní   children

   2. atiin   road

   3. bạahgóó   alongside of it

   4. ndaané   they play, are playing

   5. shį́į́   probably

6.	hastiin	man
7.	łį́į́'	horse, livestock
8.	bił	with him
9.	yíldloozh(go)	it came (an animal)
10.	na'ídééłkid	he asked
11.	táá' -táa'go	three, three of them
12.	shits'ą́ą́'	from me
13.	yóó íí jéé'	they ran off
14.	ła'	some, one
15.	yistł'in	spotted, a stack
16.	dóó	and
17.	łitso	yellow, a nickle
18.	dootł'izh	blue, a dime
19.	éísh	that? those?
20.	dawoołtsą́	all of you see
21.	doo dawoołtsą́ą̨ da	all of you don't see
22.	ábíłní	he says to him,them
23.	yistł'inę́ę	the aforementioned spotted one (-ę́ę the aforementioned)

29

24.	níts'ą́ą'	away from you
25.	náált́dááz	it fell down, fell over
26.	yę́ę	the aforementioned
27.	gíinsi	fifteen cents (from Spanish quince)
28.	bá hazlį́į'go	for the price (of)
29.	nahaaznii'	it, they (two) was (were) sold

QUESTIONS

1. Háísh ndaané?

Áłchíní ndaané.

2. Háadi ndaané?

Atiin bąąhgóó ndaané.

3. Háísh łį́į' bił yíldlǫǫzh?

Hastiin łį́į' bił yíldlǫǫzh.

4. Ha'át'íishą' áłchíní yiłní jiní?

"Shilį́į'ísh doo dawoołtsą́ą da?" ní jiní.

5. Díkwíísh bits'ą́ą́' yóó ííjéé'?

Táá' bits'ą́ą́' yóó ííjéé'.

6. Łį́į'ísh haa daat'é ńt'ę́ę́'?*

Ła' yistł'in dóó ła' łitso dóó ła' dootł'izh.

7. Áłchíníísh hastiin bilį́į' deiyiiłtsą́?

Ndaga', t'áadoo deiyiiłtsą́ą da.

8. Ákosh ha'át'íí ashkii yázhí hastiin yiłní jiní?

"Yistł'inę́ę náált́dááz lá," ní jiní.

9. Áádóóshą'?

"Łitso dóó dootł'izh shį́į́ gíinsi bá hazlį́į'go nahaznii'," ní jiní.

---

* What were the horses like?

VERB PARADIGMS

Singular	Dual	Distributive Plural

To Play - Imperfective

	Singular	Dual	Distributive Plural
1.	naashné	neii'né	ndeii'né
2.	naaniné	naahné	ndaahné
3.	naané	naané	ndaané

To Come On Horseback

shił yíldlǫǫzh	I came on horseback
nił yíldlǫǫzh	you came on horseback
bił yíldlǫǫzh	he came on horseback

Singular	Dual	Distributive Plural

To Ask - Perfective

	Singular	Dual	Distributive Plural
1.	na'ídééłkid	na'ídíilkid	nda'ídíilkid
2.	na'ídíiníłkid	na'ídóołkid	nda'ídóołkid
3.	na'ídééłkid	na'ídééłkid	nda'ídééłkid

To Run Away

	Singular	Dual	Distributive Plural
1.	yóó ííyáá	yóó íí'áázh	yóó ii jéé'
2.	yóó íníyá	yóó ooh'áázh	yóó oohjéé'
3.	yóó ííyáá	yóó oo'áázh	yóó íí jéé'

To See Him, Her - Perfective

	Singular	Dual	Distributive Plural
1.	yiiłtsą́	yiiltsą́	deiiltsą́
2.	yiniłtsą́	yoołtsą́	dawoołtsą́
3.	yiyiiłtsą́	yiyiiłtsą́	dayiiłtsą́

Singular	Dual	Distributive Plural
To Buy or Sell It - Perfective		
1. naháłnii'	naheelnii'	nadaheelnii'
2. nahíníłnii'	nahoołnii'	nadahoołnii'
3. nayiisnii'	nayiisnii'	nadayiisnii'

The above forms are perfective for to buy it. Prepound baa to mean to buy from someone, i.e.: baa naháłnii - I bought from him or her. Prepound bá to mean to buy for someone. Prepound bich'į' to mean to sell to someone. The form nahaznii' which appears in the text is passive, was sold, unspecified as to whom.

TEXT 8

Ałk'iidą́ą́' jiní hastiin dóó asdzą́ léi' bił olwoł jiní. Ńt'éé'

shį́į́ séí biih bił olwod jiní.

Áádóó ńt'éé' hastiin ání jiní: "Haa'íyee' ííshją́ą́' níshʼį́

haa hóót'įįd lá," ní jiní. Ákoshį́į́ hadalwod jiní.

Ńt'éé' shį́į́ hastiin: "Séí bił biih olwod lá," jiní. Áádóó

shį́į́ hastiin ání jiní: "Nił bídééyilgo bił ididííltał," ní jiní.

Áádóó shį́į́ asdzą́ chidí bitoo' yik'idiiltáál jiní. Áádóó ńt'éé'

shį́į́ hastiin yę́ę ání jiní: "T'óó ánáálwoł héí," ní jiní.

Áádóó shį́į́ asdzą́ hadalwodgo dóó t'óó análwod jiní.

TRANSLATION OF TEXT

A long time back a man and a woman were riding in a car. They ran into
sand.

The man said: "Let me see what might have happened." And he got out.
Then he said to the woman: "It's stuck in the sand. When I push you, step
on the gas." She stepped on the gas and the man said: "Hey, the wheel's
just spinning!"

So the woman got out of the car and went home.

EXPLANATION OF THE TEXT

The expression <u>t'óó</u> <u>ánáálwoł</u> - it is just spinning

(wheels in the sand) also means "go home!"

UTTERANCES FROM THE TEXT

1. Ałk'iidą́ą́' jiní hastiin dóó asdzą́ léi'

            - long ago a man and a (certain) woman

2. bił olwoł jiní   - were riding along in a car

3. ńt'ę́ę́' shį́į́ séí biih bił olwod jiní

            - then they (probably) ran into sand

4. áádóó ńt'ę́ę́' hastiin ání jiní - then the man said

5. haa'íyee' ííshją́ą́' nísh'į́ - let me see

6. haa hóót'iid lá   - what happened

7. ákoshį́į́ hadalwod jiní   - then he got out of the car

8. ńt'ę́ę́' shį́į́ hastiin   - then the man

9. séí biih bił olwod lá jiní - it's stuck in the sand

10. áádóó shį́į́ hastiin ání jiní - then the man said

11. nił bidééyilgo   - as I push you

12. bił ididííłtał   - step on it (kick it)

34

13. áádóó shį́į́ asdzą́ chidí bitoo' yiki'diiltáál

                     - the woman stepped on the gas

14. áádóó ńt'ę́ę́' shį́į́ hastiin yę́ę̀ ání jiní

                     - then the man said

15. t'óó anáálwoł   - it's just spinning; also means go home

16. áádóó shį́į́ asdzą́ hadalwodgo   - then the woman got out of the car

17. dóó t'óó análwod jiní   - and she went home

VOCABULARY

1. ałk'iidą́ą́'   - a long time ago

2. hastiin   - a man

3. dóó   - and

4. asdzą́   - a woman

5. léi'   - a certain one

6. bił olwoł   - he, they (two) were (are) riding

7. séí   - sand

8. biih   - into it

9. bił olwod   - they rode

10. haa'íyee'   - let's, let

11. ííshją́ą́'   - clearly, apparently

12. nísh'į́   - I see

13. haa   - what

14. hóót'įįd   - happened

15.	lá	–	an exclamation of surprise or recently discovered fact
16.	ákoshįį	–	and then, so
17.	hadalwod	–	he got out of the car
18.	nił	–	you, with you
19.	bidééyilgo	–	my pushing
20.	bił	–	(with) it, he, she
21.	ididííltał	–	kick, step on (it)
22.	chidí bitoo'	–	gasoline (in English, step on the gas means step on the accelerator. Navajo uses the anglicized literal translation.)
23.	yik'idiiltááł	–	she stepped on it
24.	hastiin yę́ę́	–	the aforementioned man
25.	t'óó	–	just, merely, only
26.	ánáálwoł	–	it is spinning around
27.	hadalwod(go)	–	she got out (getting out) of the car
28.	análwod	–	she left (for home)

QUESTIONS

1. Háísh bił olwoł jiní?   – Hastiin dóó asdzą́ bił olwoł.

2. Ha'át'íísh biih bił olwod?   – Séí biih bił olwod.

3. Ha'át'íísh hastiin ní jiní?   – "Łiaa'íyee' łíshją́ą́' nísh'į," ní jiní.

4. Áádóósh hastiin haaidzáa jiní?* – Ákoshįį hadalwod jiní.

---

* What did the man do then?

5. Áádóósh ha'át'íí hastiin be'esdzą́ yiłní jiní?

                         - "Nił bidééyilgo bił ididííltał."

6. Áko asdzą́ haa íidzaa jiní?   - Chidí bitoo' yik'idiiltą́ą́l jiní.

7. Áádóó shį́į́ hastiin yę́ę́ ha'át'íí ní jiní?

                         - "T'óó ánáálwoł héí," ní jiní.

8. Áádóó asdzą́ haa íidzaa jiní?   - Hadalwodgo análwod jiní.

VERB PARADIGMS

	Singular	Dual	Distributive Plural
	To Get Off - Perfective		
1.	hadáshwod	hadahiniilchą́ą́'	hadahdadiijéé'
2.	hadéínlwod	hadahinoohlchą́ą́'	hadahdidoohjéé'
3.	hadalwod	hadahinoolchą́ą́'	hadahdidoojéé'
	To Push It - Future		
1.	bídíshxííł	bídiigííł	bídadiigííł
2.	bídíyííł	bídoohyííł	bídadoohyííł
3.	yídíyííł	yídíyííł	yídayíyííł
	To Step On It - Future		
1.	bił ididideeshtał	bił ídídiiltał	bił da'ididiiltał
2.	bił ididííłtał	bił ididoohłtał	bił da'ididoohłtał
3.	yił ididoołtał	yił ididoołtał	yił da'ididoołtał

Singular	Dual	Distributive Plural

To Step On It - Perfective

1. bik'idiishtááł   bik'idiiltááł   bik'idadiiltááł

2. bik'idiniltááł   bik'idooltááł   bik'idadooltááł

3. yik'idiiltááł   yik'idiiltááł   yik'idadiiltááł

To Go Home - Perfective

1. anáshwod   anáhi'niilcháá'   anéijéé'

2. anéínílwod   anáhi'noolcháá'   anáoohjéé'

3. análwod   anáhi'noolcháá'   anáájéé'

T E X T   9

Y-ú-úh, shiyáázh kǫ́ǫ́ béésh hataałí dajiníigo

shibéézh chxǫ'í yę́ę hááhgóóshį́į́ ch'ééh bitah

ashhaał.

TRANSLATIONS OF TEXT

a.) Whew, son, there has been so much talk around here of <u>singing</u>

<u>metal</u> that I've really been beating hard on all my old worn out

pots & pans, and can't get them to sing.

b.) Well, son, there has been so much talk around here of <u>banging</u>

<u>on</u> <u>pans</u> that I've really been beating hard on all my old worn out

pots and pans (with little result).

EXPLANATION OF TEXT

Here again is the obviously hard-of-hearing grandmother who misunderstands what the "talk around here" really is. Béésh hataałí is a phonograph or radio, but literally translated means iron or metal that sings. This text might have two interpretations: one, that the grandmother feels compelled to make metal sing since everybody is "talking about" singing metal; the other is that béésh hataałí (phonograph) and bitah ashhaał (I bang among them) are somewhat homophonic, which might lead one who is hard of hearing to confuse singing metal (phonograph) with banging among pans. The possibility of the double interpretation makes this brief joke exciting.

UTTERANCES FROM TEXT

1. Y-ú-úh shiyáázh — Whew, son

2. Kǫ́ǫ́ béésh hataałí dajiníigo — They are talking of singing metal around here

3. shibéézh chxǫ́'í yéę — my old worn out pots & pans

4. bitah ashhaał — I beat among them

40

VOCABULARY

1. kǫ́ǫ́ — around here, hereabouts

2. béésh — iron, metal, knife, flint

3. hataałí — that which sings

4. béésh hataałí — phonograph

5. dajiníigo — literally, when they are saying it

6. shibéézh — my metal; here, my pots & pans

7. chxǫ'í — used, worn out

8. yę́ę — the one(s) that was(were)

9. hááhgóóshįį́ — vigorously, energetically, hard

10. bitah — among them

11. ashhaał — I am beating, I beat (this form is used for beating a drum or for shelling corn by clubbing)

QUESTIONS

1. Háísh yáłti'?*

      Amásání yáłti'.

2. Háísh yich'į' yáłti'?**

      Biyáázh yich'į' yáłti'.

3. Amásání ha'át'ííshą' ní jiní?

      "Béésh hataałí dajiníigo," ní jiní.

---

* who is speaking?
** to whom is she speaking?

4. Amásání ha'át'íí yaa naagha?*

Bibéézh chxǫ'í yę́ę yitah ałhaał.

VERB PARADIGMS

Singular	Dual	Distributive Plural

To Beat It; To Shell It (corn) - ' Imperfective

1. yishhaał	yiilghaał	deiilghaał
2. niłhaał	wołhaał	daołhaał
3. yiłhaał	yiłhaał	deiłhaał

The above verb is given in the transitive form.

To Say, To Say It - Continuative Imperfective

1. dishní	dii'ní	dadii'ní
2. diní	dohní	dadohní
3. ání	ání	daaní

---

* What is she doing?

T E X T 10

Ashkii yázhí léi' bimásání íílní jiní: "Shimásání,
kintahgóó deesháál. Television dínéesh'įįł," ní jiní.

"Yú-úh, shiyáázh, ha'át'íí biniyé télii alizhgo
dínííł'įįł?" ní jiní.

TRANSLATION OF TEXT

A small boy said to his grandmother: "Grandma,
I'm going to town to look at television."

"O-oh, my boy, why do you want to look at a
donkey urinating?"

EXPLANATION OF TEXT

The play on words here is most clever and adaptive of Navajo sounds to English. Television is mis-heard as télii alizhgo (The donkey is urinating). Navajos to whom I told this joke responded with great laughter. The joke would make no sense if the Navajo word for television (nílch'i na'alkidí) were used. Nor would it have any meaning for a speaker who does not know the English word. The laughter potential in this instance is capitalized upon by the sure instinct of the Navajo ear for the subtleties of interlinguistic homophony.

UTTERANCES FROM THE TEXT

1. Ashkii yázhí léi'   — a certain small boy

2. bimásání íílní jiní   — said to his grandmother(it is said)

3. Shimásání, kintahgóó   — I'm going to town, Grandma
   deesháál

4. television dínéesh'įįł   — I'm going to look at television

5. Y-ú-úh, shiyáázh   — O-oh, my boy

6. ha'át'íí biniyé   — Why, for what purpose?

7. télii alizhgo díníłł'įįł   — you are going to look at a
                                          urinating donkey

VOCABULARY

1. ííłní   -   he,she says to him,her

2. kintahgóó   -   to town; kin -building, -tah -among, -góó -toward

3. deesháál   -   I shall go, arrive

4. dínéesh'į̹į̹ł   -   I shall look at it

5. shiyáázh   -   my boy, my son

6. ha'át'íí   -   what?

7. biniyé   -   reason, purpose

8. télii   -   a donkey

9. alizh(go)   -   he,she,it urinates

QUESTIONS

1. Ashkii yázhí háágóóshạ' deeyá?

    Kintahgóó deeyá.

2. Ha'át'íí biniyé ákǫ́ǫ́ deeyá?

    Television yidínóoł'į̹į̹łgo biniyé.

3. Bimásání ha'át'íí ní jiní?

    "Yú-úh, shiyáázh, ha'át'íí biniyé

    télii alizhgo dínííł'į̹į̹ł?"

___
*   Where is the boy going?

45

VERB PARADIGMS

Singular	Dual	Distributive Plural

To Arrive, To Go - Future

	Singular	Dual	Distributive Plural
1.	deesháál	diit'ash	diikah
2.	díínáál	dooh'ash	doohkah
3.	doogááł	doo'ash	dookah

To Start Going Along - Si-perfective

	Singular	Dual	Distributive Plural
1.	déyá	deet'áázh	deekai
2.	díníyá	dishoo'áázh	disoohkai
3.	deeyá	deezh'áázh	deeskai

To Look At It or Him - Future

	Singular	Dual	Distributive Plural
1.	dínéesh'įįł	díníil'įįł	dadíníil'įįł
2.	dííníił'įįł	dínóoł'įįł	dadínóoł'įįł
3.	yidínóoł'įįł	yidínóoł'įįł	deidinóoł'įįł

To Urinate - Continuative Imperfective

	Singular	Dual	Distributive Plural
1.	ashłizh	iilizh	da'iilizh
2.	ílizh	ohlizh	da'ohlizh
3.	alizh	alizh	da'alizh

46

TEXT 11

Ashkii yázhí léi' bizhé'é yił yi'ash jiní. Áádóó shį́į́ chidí

bąą́h neestziz jiní. Áádóó hastiin adaalwod dóó bidááh déí ąą

ííyiilaa jiní. Áádóó ńt'éé' hastiin ashkii yázhí íłłní jiní:

"Hooghangóó ńdílyeed. Battery dóó generator short ííł'į́

bidiní."

Áádóó shį́į́ hooghangóó nálwod jiní. Ńt'éé' áni jiní: "Ńléidi

Jenny dóó Betty ałk'íílwodgo Shorty éí ch'ééh ata' naaghá," ní jiní.

TRANSLATION OF TEXT

A young boy was riding along with his father. The car's engine
stopped. The man got out and raised the hood. Then he said to the
boy: "Run back home fast and tell them the battery and generator
shorted out."

The boy ran back home and said: "Betty and Jenny got into
a fight and Shorty can't break it up."

This joke kids the imperfect comprehension of English by some Navajos. It is interesting to note that Navajo laughter centers upon its own problems with English as well as upon Anglo attempts to speak Navajo.

The text is rather self-explanatory. The word plays are all in English automotive anatomy & physiology, with Navajo as the palette. A possible aural confusion could come about between short ííł'į (it made a short) and a rapidly pronounced ałk'íilwodgo (the two of them got into a fight).

UTTERANCES FROM THE TEXT

1. bizhé'é yił yi'ash — was riding along with his father

2. chidí baah neestziz — the car's engine stopped

3. áádóó hastiin adaalwod — then the man got out

4. dóó bidááh déí — and the front part upward

5. aa ííyiilaa — he opened it

6. hastiin ashkii yázhí ííłní — the man said to the boy

7. hooghangóó ńdílyeed — race home

8. battery dóó generator short ííł'į bidiní
   — tell them the battery and generator shorted

9. hooghangóó nálwod — he ran back home

10. ńléidi Jenny dóó Betty ałk'íilwod(go)
    — Jenny and Betty got into a fight over there

11. Shorty éí ch'ééh ata' naaghá — Shorty can't break it up (can't get between them)

VOCABULARY

1. bizhé'é — — his father

2. yił — with him

3. yi'ash — he went along

4. chidí — car

5. báah — on it (road)

6. neestziz — it stopped (burned out)

7. hastiin — the, a man

8. adaalwod — he got down, out

9. bidááh — in front of it

10. déí — up, upward

11. aa — open

12. ííyiilaa — he made it

13. ííłní — he, she says to him, her

14. hooghangóó — toward home

15. ńdílyeed — you run, race back

16. dóó — and

17. ííł'į́ — he, she, it makes

18. bidiní — you tell them

19. nálwod — he, she, it ran back

20. ńléidi — over there

21. ałkíilwod(go) — the two of them got into a fight

22. éí — that, that one

23. ch'ééh — in vain, futile

24. ata' — between (them)

25. naaghá — he walks (around)

QUESTIONS

1. Ashkii yázhí háísh yił yi'ash?

   Bizhé'é yił yi'ash.

2. Chidíísh bąąh neestziz?

   Aoo', chidí bąąh neestziz.

3. Hastiin haaidzaa, jiní?

   Adaałwod dóó bidááh déí ąą ííyiilaa.

4. Hastiin ashkii ha'át'íí íiłní jiní?

   "Hooghangóó ńdílyeed," ní jiní.

5. Ha'át'íí biniyé hooghangóó ńdílyeed yiłní jiní? *

   Battery dóó generator short ííł í bidíní.

6. Ákoósh ashkii ákǫ́ǫ́ nálwod?

   Aoo', hooghangóó nálwod.

7. Ńt'éé' ha'át'íí ní jiní hooghandi nálwodgo? **

   "Ńléidi Jenny dóó Betty ałk'íilwodgo.
   Shorty éí ch'ééh ata? naaghá," ní jiní.

* Why did he tell him to go home?
** What did he say when he got back home?

50

VERB PARADIGMS

Singular	Dual	Distributive Plural

To Get Off - Perfective

	Singular	Dual	Distributive Plural
1.	adaashwod	adeit'áázh	adeijéé'
2.	adéíńlwod	adaoh'áázh	adaohjéé'
3.	adaalwod	adáá'áázh	adáájéé'

To Open It - Perfective

	Singular	Dual	Distributive Plural
1.	aa ííshłaa	aa íílyaa	aa ádeiilyaa
2.	áá íínidlaa	aa óóhłaa	aa ádaoohłaa
3.	áá ííyiilaa	aa ííyiilaa	aa ádayiilaa

To Make, To Do It - Continuative Usitative

	Singular	Dual	Distributive Plural
1.	ásh'į́	íil'į́	ádéiil'į́
2.	áníł'į́	ół'į́	ádaooł'į́
3.	ííł'į́	ííł'į́	ádeiił'į́

To Get In A Fight - Perfective

	Singular	Dual	Distributive Plural
1.	bił ak'iishwod	bił ałk'íilwod	bił ałk'idéíilwod
2.	bił ak'íínílwod	bił alk'oołwod	bił ałk'idaoołwod
3.	yił ak'íílwod	yił ałk'íílwod	yił ałk'idéilwod

To Run Back - Perfective

	Singular	Dual	Distributive Plural
1.	náníshwod	náhini'niilcháá'	nániijéé'
2.	néínílwod	náhini'noołcháá'	nánoojéé'
3.	nálwod	náhini'neelcháá	náníjéé'

T E X T   12

Ashkii léi' bizhé'é bíłní jiní: "Ńlááhgóó

łįį' dííłkah."

"Hágoshįį," ní jiní ashkii. Áádóó ashkii

ałtįį' dóó k'aa' dahidiijaa' jiní. Áádóó łįį'

yikéé' dahdiiyáh jiní. Áádóó łįį'ę́ę yíníyá.

Áádóó shįį t'áá ákǫ́ǫ yiskah.

Áádóó ńt'éé' shįį hooghandi nádzáago

bizhé'é ábíłní jiní: "Łįį' yę́ę háájí," ní jiní.

"Shą̊˙ dííłkah diníigo t'áá áadi séłkah,"

ní jiní.

TRANSLATION OF TEXT

A father said to his son, "Go out and track the horse."

"All right," the boy said. He took a bow and arrows and started out

after the horse. He caught up with it and he shot it on the spot (with

an arrow).

He went back home and his father said, "Where's the horse?"

"Well," said the boy, "when you told me to shoot it, I went ahead

and did it."

52

EXPLANATION OF TEXT

The boy hears bídíílkah (track it down) as díílkah (shoot
it with an arrow). If the suggestions in this story had been
in the perfective -- bíínílkáá' (did you track it down?) there
would have been no homophonic confusion, since sélkah (I shot
it) is reasonably distinctive, phonically, from bínílkáá'
(I tracked it down). No joke could have been made in this
particular area of the perfective (past tense). Tracking and
shooting are hunting concepts and it is interesting that the
genius of the Navajo language and the genius of Navajo humor
are synthesized into a story over which, I'm sure, there has
been much fireside laughter.

The stem -kah refers to tracking or to shooting with an
arrow. To shoot with a gun is distinct in concept and in stem
formation. The stem (future) for gun, shooting is -dool (to
cause something to explode with it) and seems onomatopoetic
with its heavy vocalic nazalization and weighty consonants.
If you can make a similar story with -dool, you may be on
your way!

1. ashkii léi' bizhé'é bíłní jiní

             - a boy's father said to him

2. ńlááhgóó łį́į́' díiłkah   - go track the horse (go shoot the horse)

3. hágoshį́į́, ní jiní ashkii   - fine, said the boy

4. áádóó ashkii   - then the boy

5. ałtį́į́' dóó k'aa' dahidiijaa'

             - he took bow and arrows

6. áádóó łį́į́' yikéé' dah diiyáh

             - then he started out after the horse

7. áádóó łį́į́'ę́ę yíníyá   - then he overtook the (aforementioned) horse

8. áádóó shį́į́ t'áá ákǫ́ǫ́ yiskah

             - and then he shot it right there

9. áádóó ńt'éé' shį́į́ hooghandi nádzáago

             - then when he returned home

10. bizhé'é ábíłní jiní   - his father asked him

11. łį́į́' yę́ę háájí?   - where's the horse

12. shą́' díiłkah diníigo   - when you told me to shoot him

13. t'áá áadi séłkah   - I just shot him out there

54

VOCABULARY

1. bíłní — he says(said) to him,her

2. ńlááhgóó — go ahead

3. łį́į́' — horse

4. dííłkah — track it (shoot it - bídííłkah)

5. hágoshį́į́ — all right, fine with me, etc.

6. ałtį́į́' — a bow

7. dóó — and

8. k'aa' — arrows

9. dahidiijaa' — he took them

10. yikéé' — his tracks

11. dah diiyáh — he started out after

12. ę́ę — the aforementioned

13. yíníyá — he caught up with it

14. áádóó — and

15. shį́į́ — probably

16. t'áá ákǫ́ǫ́ — right there

17. yiskah — he shot it

18. hooghandi — toward home, homeward

19. nádzá — he returned

20. ábíłní — he,she said to him,her

21. háájí? — where?

22. shą́' — well...

23. dííłkah — you shoot it

24. díníigo — when you said it

25. t'áá áadi — right there

26. sélkah — I shot it

QUESTIONS

1. Ashkiiísh bizhé'é ha'át'íí biłní?

   "Ńlááhgóó łíí' dííłkah," bíłní jiní.

2. Ashkiiísh ha'át'íí ní jiní?

   "Hágoshį́į́," ní jiní.

3. Áádóósh ashkii ha'át'íí dahidiijaa'?

   Ałtį́į́' dóó k'aa' dahidiijaa'.

4. Áádóósh ashkii haaíídzaa?

   Łíí' yikéé' dah diiyáh jiní.

5. Áádóósh łíí'ę́ę̨ yíníyá?

   Aóǫ', łíí'ę́ę̨ yíníyá jiní.

6. Áádóósh haaíídzaa jiní?

   Áádóó łíí'ę́ę̨ yiskah jiní.

7. Ha'át'íísh biniina* łíí' yiskah?

   Łíí' dííłkah bizhé'é biłníigo

   biniina yiskah.

---

* Why?

VERB PARADIGMS

Singular	Dual	Distributive Plural
To Track, To Shoot (with bow & arrow) - **Future**		
1. deeshkaah	diilkaah	dadiilkaah
2. díílkaah	doołkaah	dadoołkaah
3. doołkaah	doołkaah	dadoołkaah
To Take Something Along - **Perfective**		
1. dahidiijaa'	dahdiijaa'	dahdadiijaa'
2. dahdinijaa'	dahdoohjaa'	dahdadoohgaa'
3. dahidiijaa'	dahidiijaa'	dahdeiidiijaa'
To Catch Up With It - **Perfective**		
1. bíníyá	bíniit'áázh	bíniikai
2. bííníyá	bínoo'áázh	bínoohkai
3. yíníyá	yíní'áázh	yíníkai
To Shoot It (bow & arrow) - **Perfective**		
1. séłkah	siilkah	dasiilkah
2. síníłkah	soołkah	dasoołkah
3. yiskah	yiskah	deiskah
To Return - **Perfective**		
1. nánísdzá	nániit'áázh	nániikai
2. néíñídzá	nánoot'áázh	nánoohkai
3. nádzá	nát'áázh	nákai

T E X T   13

Ashkii bimá ábíłní jiní: "Shiyáázh, dibé yíníłta',"

ní jiní.

Áádóó shį́į́ ashkii dibé baghangóó naaswodgo dibé

yiyíiłta'.

Áádóó shį́į́ áádę́ę́' nálwodgo bimá: "Díkwíí dibé,"

biłní jiní.

"Neeznáá lá," ní jiní.

"Yú-úh, da' t'áá ałtso neezná lá," ní jiní.

TRANSLATION OF TEXT

A mother told her son: "My boy, count the sheep."
So the boy ran to the sheep corral and counted them.
When he ran back again, his mother said: "How
many sheep?"
"Ten," he answered.
"My gosh, all of them died?" said his mother.

EXPLANATION OF THE TEXT

The joke in this story rests on the word neeznáá (ten) and the
mother confusing it with neezná (they died). The "confusion" in
case could well be deliberate on the part of a mother who wants
to josh her son.

UTTERANCES FROM THE TEXT

1. Ashkii bimá ábíłní jiní

    - a boy's mother says to him

2. Shiyáázh, dibé yíníłta'

    - my boy, count the sheep

3. Ashkii dibé baghangóó naaswod(go)

    - the boy ran to the sheep corral

4. Dibé yiyííłta' - he counted the sheep

5. Áádóó áádéé' nálwod(go)

    - then he ran back from there

6. Bímá, "Díkwíí dibé?" biłní jiní

    - his mother asked, "How many sheep?"

7. Neeznáá lá - there are ten

8. Yú-úh, da' t'áá ałtso neezná lá!

    - My gosh, all of them died?

VOCABULARY

1. bimá   his mother

2. ábíłní   he,she says to him,her

3. shiyáázh   my son

    4. dibé   sheep

    5. yíníłta'   count them

    6. dibé baghan - sheep corral

7. naaswod(go)   he ran to it

8. áádóó   then

9. áádę́ę́'   from there

    10. nálwod(go)   he ran back

    11. díkwíí   how many, how much

    12. neeznáá   ten

13. lá   a particle indicating recently discovered knowledge

14. neeznáá lá   there are ten (possibly having thought the number to be greater or smaller)

    15. da' t'áá ałtso   all of them?

    16. neezná   they died

60

QUESTIONS

1. Amáásh ha'át'íí ní jiní?

   Shiyáázh, dibé yíníłta'.

2. Áádóósh ashkii haaidzáa jiní?

   Dibé baghangóó naaswod jiní.

3. Dibéésh yiyííłta'?   Aoo', yiyííłta'.

4. Áádéé'ésh nálwod?   Aoo', áádéé' nálwod.

5. Áádóó bimá ha'át'íí ní jiní?

   "Díkwíí dibé," biłní jiní.

6. Ashkiiísh ha'át'íí ní jiní?

   "Neeznáá lá," ní jiní.

7. Bimá ha'át'íí ní jiní?

   "Da' t'áá ałtso neezná lá," ní jiní.

VERB PARADIGMS

Singular	Dual	Distributive Plural

To Count Them - Continuative Imperfective

1. yíníshta'	yíníilta'	deíníilta'
2. yíníłta'	yínółta'	deínółta'
3. yółta'	yółta'	dayółta'

61

To Count Them - Perfective

1. yíłta'   yíilta'   deíilta'
2. yíníłta'   wóołta'   daoołta'
3. yiyííłta'   yiyííłta'   deiyííłta'

To Run To It - Perfective

1. nséswod   nahishi'niilcháá'   nishiijéé'
2. nsínílwod   nahishi'noołcháá'   nishoohjéé'
3. naaswod   nahi'neeshchąą'   naazhjéé'

To Run Back - Perfective

1. náníshwod   náhini'niilcháá'   nániijéé'
2. néínílwod   náhini'noołcháá'   nánóójéé'
3. nálwod   náhini'neelcháá'   nánijéé'

62

T E X T   14

Hádą́ą́' shį́į́ jiní asdzą́ bináá' ádin amásání nilį́įgo. Ákoshį́į́

ashkii yázhí bitsóí át'éego yił náát'ash jiní. Ńt'éé' ashkii

yázhí t'áá halgaigo shį́į́ bimásání yił yi'ashgo. Ákoshį́į́ bimásání

yaa yidlohgo jiní. Ashkii yázhí ání jiní: "Ákǫ́ǫ́ yíldzis, shimásání,"

ní jiní.

"Hágoshį́į́," ní jiní hamásání. Áádóó shį́į́ t'áá halgaigo hamásání

dah nánílj́į́hgo bił joo'ash jiní. Áádóó shį́į́ nízaadgóó ninááńt'áázh.

Áádóó shį́į́ ashkii yázhí: "Kwe'é bikooh," yił níigo ní jiní.

Áádóó shį́į́ bimásání nikideesgo'go nikee'na' jiní. Áádóó shį́į́ t'áá

ákót'éego hooghangóó ná'na'.

TRANSLATION OF TEXT

Once upon a time a blind grandmother was returning home with
her grandson. The boy was walking along a prairie with his grand-
mother. He decided to tease her. He said: "There's a ditch there,
Grandma."

"All right," she said and as they were walking along she made
a jump right on the flat prairie. They went on.

63

"Here's an arroyo, Grandma," the boy said to her. The grandmother then got down on her knees and began to crawl. She crawled like that all the way home.

EXPLANATION OF THE TEXT

This text needs little or no explanation. It's humor lies in the jump of a blind old woman on a ditchless plain and her decision to avoid further humiliation. It is always "get-grandma-week." Enough said.

UTTERANCES FROM THE TEXT

1. hádą́ą́' shį́į́   once upon a time (when probably?)

2. asdzą́ bináá' ádin   a blind woman

3. amásání nilį́igo   who was(is) a grandmother

4. ákoshį́į́ ashkii yázhí   then (probably) the little boy

5. bitsoi át'éego yił náát'aash jiní

                                   was returning (home) with her grandson

6. ńt'éé' ashkii yázhí   the little boy

7. t'áá halgaigo shį́į́   on the prairie (probably)

8. bimásání yił yi'ash(go)   was(is) walking along with his grandmother

9. ákoshį́į́ bimásání t'óó yaa yidlohgo

                                      then he teased his grandmother

10. ashkii yázhí ání jiní   the boy said to her

11. ákǫ́ǫ́ yíldzis shimásání   over there is a ditch, Grandma

12. hágoshį́į́, ní jiní hamásání   "all right," said his grandmother

13. áádóó shį́į́ t'áá halgaigo   and then right there on the flat plain

14. dah náníljį́įhgo   she jumped

15. bił joo'ash jiní   as they were walking

16. áádóó shį́į́ nizaadgóó   and then farther on

17. nináánt'áázh   they went

18. kwe'é bikooh   here is an arroyo

19. yił nį́įgo   he told her

20. bimásání nikideesgo'go   his grandmother got down onto her knees

21. nikee'na' jiní   she began crawling (it is said)

22. t'áá ákót'éego hooghangóó ná'na'

                                      she crawled like that all the way home

VOCABULARY

1. hád££'?   when? (asking about past time)

2. shíí   probably

3. háд££' shíí   once upon a time (some time ago)

4. asdzá   a woman

5. bináá'   her eyes

   6. ádin   it doesn't, they don't exist

   7. nilíigo   she,he being

   8. amásání   a grandmother

   9. ákoshíí   then probably

   10. bitsoi   a grandchild or grandparent
                              (mother's side)

11. át'éego   the one who is(was)

12. yił   with him,her

13. náát'ash   he is(was) returning

14. t'áá   just (not translatable alone)

15. halgai(go)   plain, prairie

   16. yi'ash   he,she is walking along

   17. yaa   about or to him,her,it,them

   18. yidloh(go)   he is laughing

   19. akǫ́ǫ́   there, that way

   20. yíldzis   a ditch

21. hágoshíí   all right

22. dah   up, off

23. nániljíįhgo   he,she jumps

24. bił joo'ash   they are walking along

25. nízaadgóó   farther on

26. nínááńt'áázh   they went

27. kwe'é   here

28. bikooh   a ditch, canyon

29. yił   to him, her

30. níigo   saying, says

31. nikideesgo'go   he, she got down on her knees

32. nikee'na'   he, she began crawling (dah dii'na')

33. áádóó shį́į́   and then probably

34. t'áá ákót'éego   just like that

35. hooghangóó   homeward

36. ná'na'   she crawled

QUESTIONS

1. Háadi ashkii yázhí bimásání yił yi'ash jiní?

   T'áá halgaigo.

2. Hamásání bináá'ash ádin?

   Aoo', bináá' ádin.

3. Ashkii yázhí bimásáníísh t'óó yaa yidloh?

   Aoo', t'óó yaa yidloh.

4. Ha'át'íí bimásání íílní jiní?

   "Ákǫ́ǫ́ yíldzis, shimásání," ní jiní.

67

5. Áádóósh hamásání haaídzáa?

    Áádóó shíí t'áá halgaigo dah náníljíįhgo
    bił joo'ash jiní.

6. Áádóóshą' jiní? *

    Áádóó shíí nízaadgóó nináánt'áázh. Áádóó
    ashkii yázhí ání jiní: "Kwe'é bikooh,"
    ní jiní.

7. Ákosh hamásání haaídzaa jiní?

    Hamásání nikideesgo'go nikee'na'.

8. Áádóóshą' jiní?

    Áádóó shíí t'áá ákót'éego hooghangóó ná'na.

VERB PARADIGMS

Singular	Dual	Distributive Plural
To Tease - Imperfect		
1. baa yishdlohgo	baa yiidlohgo	baa deiidlohgo
2. baa yídlohgo	baa yoohdlohgo	baa daoohdlohgo
3. yaa yidlohgo	yaa yidlohgo	yaa dadlohgo
To Jump - Repetitive		
1. dah nánishjíįh	dah nániiljíįh	dah ńdaniiljíįh
2. dah nániljíįh	dah nánóół jíįh	dah ńdanooł jíįh
3. dah nániljíįh	dah nániljíįh	dah ńdaniljíįh

* What then?

68

To <u>Kneel</u> <u>Down</u> - <u>Perfective</u>

1. nikidéshgo'   nikidisiilgo'   nikidasiilgo'

2. nikidínílgo'   nikidoołgo'   nikidadoołgo'

3. nikídeesgo'   nikídeesgo'   nikidadeesgo'

To <u>Start</u> <u>To</u> <u>Crawl</u> - <u>Perfective</u>

1. nikeesh'na'   nikíi'na'   nikidasii'na'

2. nikíín'na'   nikooh'na'   nikidasooh'na'

3. nikee'na'   nikee'na'   nikidas'na'

To <u>Crawl</u> <u>To</u> <u>A</u> <u>Certain</u> <u>Place</u> - <u>Perfective</u>

1. náwísh'na'   néíi'na'   ńdéii'na'

2. néíní'na'   náoh'na'   ńdáoh'na'

3. ná'na'   ná'na'   ńdá'na'

69

T E X T   15

Amásání léi' shį́į́ biyáázh léi' jiní tówanaanigóó naayá jiní.

Ákoshį́į́ ashkii nádzá jiní. Áádóó shį́į́ amásání kintahgóó naayá

jiní. Ńt'ę́ę́' shį́į́ áadi bich'ooní yik'íníyá jiní. Áko ííłní jiní:

"Shiyáázh ga' tówanaanígóó naayá ńt'ę́ę́'. Ńt'ę́ę́' ch'ééh jiyáán bii'

haa'oogáázh bich'ahgo nádzá," ní jiní.

TRANSLATION OF TEXT

A grandmother had a son who went abroad (to the wars).
He finally came back. The grandmother went to town one
day and, meeting a friend, said: "Say, my son went over-
seas and came back with a scooped out watermelon for a hat."

EXPLANATION OF TEXT

The "scooped out watermelon" is a helmet, of course. The enclitic particle ga' serves to emphasize the part of speech to which it is suffixed or related. Shiyáázh ga' thus sounds something like my son, as if pride were meant. The interior dynamics of this story seem to point toward a grandmother whose wits are sharp enough to chide, to joke, to purposely amuse her friend.

UTTERANCES FROM THE TEXT

1. amásání léi' shį́į́ — a certain grandmother

2. biyáázh léi' jiní tówanaanígóó naayá — her son went abroad

3. ákoshį́į́ ashkii nádzá jiní — then he came back

4. áádóó shį́į́ amásání kintahgóó naayá — the grandmother went to town

5. ńt'ę́ę́' shį́į́ áadi bich'ooní yik'íníyá — she met her friend there

6. áko ííłní jiní — then she told her

7. shiyáázh ga' tówanaanigóó naayá ńt'éé' — my son went overseas

8. ńt'éé' ch'ééh jiyáán bii' haa'oogáázh — a scooped-out watermelon

9. bich'ahgo nádzá — for a hat he came back

71

VOCABULARY

1. léi'   a certain one

2. amásání léi'   a certain grandmother

3. tówanaanígóó   abroad (toward)

4. naayá   he, she went

5. ákoshį́į́   and then

   6. nádzá   he, she returned

   7. kintahgóó   to town

   8. bich'ooní   his, her friend

   9. yik'íníyá   he, she met him, her
                    (found, came upon)

  10. áko   then

11. ííłní   she, he told him, her

12. shiyáázh   my son

13. ga'   an enclitic emphasizing
              the word to which it is
              suffixed or related.(Thus
              shiyáázh ga' - my son)

14. ch'ééh jiyáán a watermelon

15. bii'   in it

  16. haa'oogáázh   it's scooped out

  17. bich'ahgo   for a hat, as a hat

  18. nádzá   he, she returned

QUESTIONS

1. Amásání biyáázh háágóósh naayá?

   Tówanaanígóó naayá jiní.

2. Nádzáásh?

   Aoo', nádzá.

3. Áádóó hamásání háágóó naayá?

   Kintahgóó naayá jiní.

4. Háísh áadi yik'íníyá?

   Bich'ooní yik'íníyá jiní.

5. Ha'át'íísh yił ní jiní?

   Shiyáazh ga' tówanaanígóó naayá
   ńt'éé'. Ch'ééh jiyáán bii' haa'-
   oogáázh bich'ahgo nádzá.

VERB PARADIGMS

Singular	Dual	Distributive Plural
To Return, To Come Back - Perfective		
1. nánísdzá	nániit'áázh	nániikai
2. néínídzá	nánoot'áázh	nánoohkai
3. nádzá	nát'áázh	nákai

Singular	Dual	Distributive Plural

To Come Upon it, Him, Her (to meet) - Perfective

	Singular	Dual	Distributive Plural
1.	bik'íníyá	bík'íniit'áázh	bík'íniikai
2.	bik'ííníyá	bík'ínoo'áázh	bík'ínóohkai
3.	yik'íníyá	yik'íní'áázh	yik'íníkai

T E X T 16

Ałk'iidą́ą́' jiní ashkii yázhí léi' łį́į́' haintá jiní. Ákoshį́į́ hastiin

sání léi' bijeehkałgo tsinaabąąs bił yilwołgo yidááh níyá jiní. Áádóó

ashkii yázhí ání jiní: "Shicheii, kǫ́ǫ́sh ła' łį́į́' abíítiingo yiniłtsą́?"

ní jiní.

Ńt'éé' hastiin ání jiní: "Aoo' áájí ítįįh," ní jiní.

Ńt'éé́' ashkii ání jiní: "Dooda, shicheii. Łį́į́'ísh doo ła' abíítiingo

yiñiłtsą́ą da nidishní'."

Ńt'éé́' hastiin ání jiní: "Aoo', áájí ítįįh. T'áá éí baghanji'," ní jiní.

Ńt'éé' ashkii ání jiní: "Ch'į́idiitahgóósh díníyáago ádíní!" ní jiní.

"Aoo', shicheii," ní jiní, "t'áá hooghangóó nánísdzáhí t'áá 'áníiltso

ákǫ́ǫ́ dee'ná," ní jiní.

TRANSLATION OF TEXT

A long time ago a little boy was looking for his horse. He met a deaf

old man riding along in a wagon. The boy said: "Grandfather, have you seen

any horse tracks around here?"

The man said: "Yes, the first day of Enemy-Way ceremony is being held

over there."

"No, Grandfather. Haven't you seen any horse tracks?"

The man replied: "Yes over there is the Enemy-Way ceremony. At that

house over there."

Then the boy said: "You keep saying that and to hell with you."

"Yes, Grandson, as soon as I get back home we're all going to move there."

EXPLANATION OF TEXT

The old man hears łį́į́' abíítiin (horse tracts), or part of it as ítįįh (the word for the first day of the Enemy-Way ceremony; see cultural note at the end of this unit.

High toned " -íí- " (abíítiin) and low toned -tiin are misconstrued as high toned "í" (ítįįh) and low toned -tįįh consecutively.

To a partially deaf person abíítiin could sound like ítįįh.

I believe the final exasperated remark of the boy, ch'įįdiitahgó(ósh) - to the devil, is heard as kintahgó(ósh) - to the city by the old man.

UTTERANCES FROM THE TEXT

1. ałk'iidą́ą́' jiní ashkii yázhí léi'

   - a long time ago

2. łį́į́' hainitá jiní   - was(is) looking for a horse

3. ákoshį́į́ hastiin sání léi' bijeehkałgo

   - then a deaf old man

4. tsinaabąąs bił yilwołgo

           - he was(is) riding along in a wagon

5. yidááh níyá   - he,she met him,her

6. áádóó ashkii yázhí ání jiní

           - then the boy said

7. "Shicheii, kǫǫsh ła' . . .

           - "Grandfather, around here . . .

8. łįį' abíítiingo yiniłtsą?

           - have you seen horse tracks?

9. ńt'ęę' hastiin ání jiní:

           - then the man said:

10. aoo', áájí ítįįh   - yes, over there is the Enemy-Way

           ceremony (first day) - ítįįh

11. ńt'éé' ashkii ání jiní

           - then the boy replied

12. dooda, shicheii. Łįį'ísh doo ła' abíítiingo yiniłtsąą da
nidishní.

           - No, grandfather, haven't you seen

           any horse tracks, I asked you.

13. ńt'éé' hastiin ání jiní

           - then the man said.

14. aoo', áájí ítįįh . . .

           - yes, over there is the ceremony
           (Enemy-Way) . . .

15. t'áá éí baghanji'   - over at that house

16. ńt'ę́ę́' ashkii ání jiní

                            - the boy replied

17. dh'íįdiitahgóósh díníyáago ádíní!

                            - you keep saying that and to hell with you!

18. aoo', shicheii, ní jiní

                            - yes, grandson

19. hooghangóó ńánísdzáhí . . .

                            - when I get back home . . .

20. t'áá 'aníiltso ákǫ́ǫ́ dee'ná

                            - all of us will move there

                         VOCABULARY

1. ałk'iidą́ą́'   a long time ago; in the old days

2. łį́į́'   a horse, the horse

3. ákoshį́į́   and then

    4. hastiin   man

    5. sání   old

    6. bijeehkał   deaf

7. tsinaabąas   wagon

8. bił   with him

9. yilwoł (go)   it is (was) going along

                            78

10. yidááh   before him

11. níyá   he came

12. shicheii   my grandfather, my grandson

    13. kǫ́ǫ́sh   around here

    14. abíítiin   tracks

    15. yiniłtsą́?   did you see

16. áájí   over there

17. ítįįh   the first day of Enemy-Way
                         ceremony (see cultural note)

18. dooda   no

    19. łį́į́'į́sh?   a horse?

    20. doo . . .   first particle in a negative
                         utterance--verb or other part of
                         speech come between this and . . .

    21. da   last particle in a negative utterance

22. nidishní   I say to you, I ask you

23. t'áá   a particle impossible of translation
                         out of context

24. t'áá éí   that one right there

    25. baghanji'   his house (toward it)

    26. ch'įįdiitahgóósh   to the devil?

    27. díníyáago   (when,as) you are going

28. ádíní   you say (it)

29. acheii   a grandfather

30. hooghangóó   toward home

    31. nánísdzáhí   when I have returned

32. t'áá 'áníiltso   all of us

33. ákǫ́ǫ́   to there

34. dee'ná˙   we shall move

QUESTIONS

1. Ashkii ha'át'íí hainitá jiní?

   Łį́į́' hainitá jiní.

2. Háísh yidááh níyá jiní?

   Hastiin sání yidááh níyá jiní.

3. Hastiinísh sání bijeehkał jiní?

   Aoo', bijeehkał jiní.

4. Ashkii yázhí ha·át'íí yiłní jiní?

   "Shicheii kǫ́ǫ́sh ła' łį́į́' abíítiingo yíniłtsą́?"
   ní jiní.

5. Hastiin sání ha'át'íí ní jiní?

   "Aoo', áájí ítįįh," ní jiní.

6. Áádóóshą', ashkii ha'át'íí ní jiní?

   "Dooda, shicheii. Łį́į́'ish doo ła' abíítiingo
   yiniłtsą́ą da nidishnį́."

7. Áádóóshą' jiní?

   Hastiin ání jiní, "Aoo', áájí ítįįh.
   T'áá éí baghanji'," ní jiní.

80

8. Áádóósh ashkii, ha'át'íí ní jiní?

   "Chįidiitahgóósh díníyáago ádíní!"
   ní jiní.

9. Ákosh hastiin sání ha'át'íí ní jiní?

   "Aoo', t'áá hooghángóó nánísdzáhí t'áá
   áníiltso ákǫ́ǫ́ dee'ná," ní jiní.

VERB PARADIGMS

Singular	Dual	Distributive Plural
To Search For It - Contihuative Imperfective		
1. hanishtá	haniitá	hadaniitá
2. hanítá	hanohtá	hadanohtá
3. hainitá	hainitá	hadainitá

To Ride Along In (**Progressive** - the vehicle is running along
with me, etc.)

tsinaabąąs shił yilwoł - I am riding along in a wagon

tsinaabąąs nił yilwoł - you are riding along in a wagon

tsinaabąąs bił yilwoł - he,she is riding along in a wagon

To Meet One	- Perfective		
1. bidááh níyá	bidááh niit'áázh	bidááh niikai
2. bidááh yíníyá	bidááh noo'áázh	bidááh noohkai
3. yidááh níyá	yidááh ní'áázh	yidááh yíkai

81

To See Him,Her,It   -   Perfective

1. yiiłtsą́   yiiltsą́   deiiltsą́

2. yiniłtsą́   yoołtsą́   dayoołtsą́

3. yiyiiłtsą́   yíyiiłtsą́   deiyiiłtsą́

To Go (and return)   -   Si-perfective

1. déyá   deet'áázh   deekaí

2. díníyá   dishoo'áázh   disoohkai

3. deeyá   deezh'áázh   deeskai

To Be Going To Move   -   Si-perfective

1. déná   dee'ná   dadee'ná

2. dííníná   dooh'ná   dadooh'ná

3. deezná   deezná   dadeezná

To Say It   -   see page 42

CULTURAL NOTE

Ítįįh is the first day of the Enemy-Way Ceremony (ndáá'). The
ceremony features the carrying of the staff and the dance of
the girls.

TEXT 17

'Ashkii łéi' .ólta'déé' nádzá jiní. Ákoshíí bi-
másání yił kingóó dah diikai. Ńt'éé' ashkii
yéé ání jiní: "Shimásání, kodóósh díkwíí
tsin sitá ńléí kinji'?" ní jiní.

Ńt'éé' bimásání ání jiní: "Hólahéi, shiyáázh
Háísh dó' yółta'? T'óó akóó ndadeeztaad łeh,"
ní jiní.

TRANSLATION OF TEXT

A boy came home from school and then started out with his
grandmother to the store. The boy said: "Grandma, how
many miles is it from here over to the store?"

The grandmother replied: "I really don't know my boy.
Who counts them? They are scattered all over here."

EXPLANATION OF TEXT

The Navajo expression <u>tsin</u> <u>sitá</u> (mile) literally means <u>a</u> <u>pole</u> or <u>post</u> <u>of</u> <u>wood</u> <u>in</u> <u>position</u> (mile post). The grandmother, ostensibly ignorant of the Navajo expression for distance (mile), reacts with a statement about so much wood lying about that no one would bother to count it.

UTTERANCES FROM THE TEXT

1. ashkii léi' . . .

    - a certain boy . . .

2. ólta'déé' nádzá jiní

    - (he) returned from school (it is said)

3. ákoshíí bimásání

    - then his grandmother

4. yił kingóó dah diikai

    - with her he set out for the store

5. ńt'éé' ashkii yéé ání jiní

    - then the boy said (asked)

6. shimásání, kodóósh díkwíí tsin sitá . . .

    - grandma, how many miles from here . . .

7. ńléí kinji'

    - over there to the store

8. ní jiní

      - he said to her

9. hólahéi, shiyáázh

      - I really don't know; how should
        I know, my boy?

10. háísh dó' yółta'

      - Who would count them?

11. t'óó akǫ́ǫ́ ndadeeztą́ą́d łeh.

      - they are scattered all over here.

VOCABULARY

1. ółta'dę́ę́'   from school

2. nádzá   he, she, it returned

3. yił   with him,her,it

4. kingóó   to the store

5. dah diikai   they set out

6. yę́ę   the aforementioned

7. díkwíí   how much, how many?

8. tsin   post, pole, tree, timber

9. sitą́   it is in position

10. kodóó   from here

11. ńléí   over there

12.	kinjí'	to the store
13.	hólahéi	I don't (really) know; how should I know
14.	háísh?	who?
15.	dó'	a particle not given to translation in this context. Literally, too, also.
16.	yółta'	he, she counts
17.	t'óó akǫ́ǫ́	all around here
18.	ndadeeztąąd	they are scattered
19.	łeh	usually

QUESTIONS

1. Hádę́ę́'ésh ashkii nádzá?

    - Ólta'dę́ę́' nádzá jiní.

2. Hágóósh bimásání yił dah diikai jiní?

    - Kingóó bimásání yił dah diikai.

3. Ashkii ha'át'íí ní jiní?

    - "Kodóósh díkwíí tsin sitą́ ńléí kinjí'?" ní jiní.

4. Áádóó ńt'ę́ę́' ha'át'íí bimásání ní jiní?

    - "Hólahéi, shiyáázh. Háísh dó' yółta? T'óó akǫ́ǫ́ ndadeeztąąd łeh."

VERB PARADIGMS

Singular	Dual	Distributive Plural
To Return - Si-perfective		
1. nánísdzá	nániit'áázh	nániikai
2. néíndzá	nánoot'áázh	nánoohkai
3. nádzá	nát'áázh	nákai
To Leave For A Place - Perfective		
1. dah diíyá	dah diit'áázh	dah diikai
2. dah diníyá	dah dooh'áázh	dah doohkai
3. dah diíyá	dah dii'áázh	dah diikai
To Count Them - Imperfective		
1. yíníshta'	yíníilta'	deíníilta'
2. yíníłta'	yínółta'	deínółta'
3. yółta'	yółta'	dayółta'

T E X T   18

Hastiin léi' badaní íílní jiní: "Háadi

niyaa hazlį́į́'?"

Ákoshį́į́ badaní Naasht'ézhí nilį́igo shį́į́

dinégo shį́į́ doo hózhǫ́ yidiits'a'go áni jiní:

"Naasht'ézhídi shiya' hazlį́į́'" ní jiní.

TRANSLATION

A man said to his son-in-law: "Where did you grow

up?"

His Zuni son-in-law, not understanding Navajo well,

said: "I got lice in Zuni?"

EXPLANATION OF TEXT

The expression shiyaa hazlíí' (space became under me) is

colloquial for I grew up (in a certain area). This joke capitalizes

upon shiyaa (under me) by insinuating that the expression shiya'

(my lice) is meant. Thus, shiyaa hazlíí' (under me space became)

is humorous as shiya' hazlíí' (my lice they became, i.e., I got lice).

UTTERANCES FROM THE TEXT

1. Hastiin léi' badaní ííłní jiní

    - a man said to his son-in-law

2. Háadi niyaa hazlíí'?

    - Where did you grow up?

3. Ákoshíí badaní Naasht'ézhí nilíigo shíí

    - and so his Zuni son-in-law (probably)

4. Dinégo shíí doo hózhó yidiits'a'go ání jiní

    - not understanding Navajo well, said

5. Naasht'ézhídi shiya' hazlíí'

    - I got my lice in Zuni

VOCABULARY

1. badaní   his, her son-in-law

2. háadi?   where? (asking about location)

3. niyaa   under you

4. hazlį́į́'   it (space) became

5. ákoshį́į́   and then

6. nilį́į́(go)   he is

7. Naasht'ézhí   Zuni, a Zuni

8. dinégo   the man

9. hózhǫ́   well, very, extremely

10. yidiits'a'(go) he hears him (hearing him)

11. Naasht'ézhí(di)
                   (in) Zuni, New Mexico

12. shiyaa   under me

13. shiya'   my lice

QUESTIONS

1. Hastiin badaní ha'át'íísh yiłní jiní?

    - "Háadi niyaa hazlį́į́'," ní jiní.

2. Ákosh badání diné yidiits'a'?

    - Ndaga', doo diné yidiits'a' da jiní.

3. Badaní ha'át'íí ní jiní?

    - Naasht'ézhídi shiya' hazlį́į́'."

90

VERB PARADIGM

Singular	Dual	Distributive Plural
To Hear It, To Understand It	- Continuative	Imperfective
1. diists'a'	diits'a'	dadiits'a'
2. dinits'a'	doohts'a'	dadoohts'a'
3. yidiits'a'	yidiits'a'	deidiits'a'

TEXT 19

Ałk'iidą́ą́' jiní ashkii ké łichí'í ániidígo yiih híí'eez. Áádóó

shį́į́ łį́į́' doozhǫǫhii léi' yizloh jiní. Áádóó shį́į́ bił dah diilwod dóó

biníshóód jiní. Ákoshį́į́ t'áá łiyisí nízah níhoolzhiizh jiní t'áá

nabishoodgo. Áádóó shį́į́ índa naníjíi̇sxam jiní. Ńt'ę́ę́' shį́į́ áádóó

yaago hakee' ániidí yę́ę jinééł'į́į́' ńt'ę́ę́'. Hakee' łichí'í yę́ę hagod

ta'i sinil jiní.

TRANSLATION OF TEXT

Once a boy put on new moccasins. Then he
lassoed a wild horse. The horse took off with
him and dragged him. It dragged him for a long
time. Finally the boy jerked him around. He
looked down at his new moccasins. The mocca-
sins were up around his knees.

EXPLANATION OF TEXT

When I first heard this joke, I didn't think it particularly funny. I do now. Navajos to whom I have told the story react with hilarity. The horse has long been a part of Navajo history and culture. The horse in this story has the upper hand, controls the would-be master and ruins his new moccasins. The Navajos' long experience with horses, lassoing them, being dragged by them (attend a Navajo fair or rodeo!) undoubtedly contributes a rather secret understanding and appreciation of the "moccasins around the knees" absurdity of the situation.

UTTERANCES FROM THE TEXT

1. ałk'iidą́ą́' jiní . . .   long ago, it is said . . .

2. ashkii léi'   a certain boy

3. ké łichí'í ániidígo   new moccasins

4. yiih híí'eez   he, she put it, them on

5. áádóó shį́į́ łį́į́' doozhǫhii léi'
                                  then a certain wild horse

6. yizloh jiní   he, she lassoed it, it is said

7. bił dah diilwod . . .   he (the horse) took (ran) off with
                                  him, her . . .

8. dóó biníshóód jiní   and dragged him

9. ákoshį́į́ t'áá íiyisí nízah nihoolzhiizh
                                  then for a long time

10. t'áá nabishoodgo jiní   he kept on dragging him, it is said

93

11. áádóó índa naníjiisxan   and then he (the boy) jerked him
                                         around

12. ńt'éé' shíí áádóó yaago . . .
                                       then he downward . . .

13. hakee' ániidí yéé   his aforementioned new moccasins

14. jinééł'íí' ńt'éé'   he looked at (it was)

15. hakee' łichí'í yéé . . .   his aforementioned moccasins . . .

16. hagod ta'i sinil jiní   were around his knees

VOCABULARY

1. ałk'iidáá'   long ago

2. ké   shoe, shoes

3. łichí'í   the red one (s)

4. ániidígo   it, they (being) new

5. yiih   into it, them (dual)

6. híí'eez   he put it (his feet)

7. áádóó   and then

8. shíí   probably

9. łíí'   horse

10. doozhǫhii   wild

11. léi'   a certain one

12. yizloh   he, she lassoed it,him,her

13. bił   him (direct object)

14. dah   set out, up, off

15. diilwod   he ran off

16. dóó   and

17.	biníshóód	he dragged him
18.	ákoshį́į́	then
19.	t'áá íiyisí	much, a lot
20.	nízah	far (haa nízah - how far?; how much farther?)
21.	nihoolzhíízh	a period of time passed
22.	t'áá nabishoodgoo	dragged him around
23.	índa	then
24.	naníjiisxan	he jerked him around
25.	yaago	downward
26.	hakee'	his shoe
27.	ániidí	new
28.	yę́ę	the aforementioned
29.	jinééł'į́į'	he looked at it
30.	hagod	his knee (s)
31.	ta'i	around it, them
32.	sinil	they are in position (inanimate objects)

QUESTIONS

1. Ashkii ha'át'íísh yiih híí'eez jiní?

   Ké łichí'í ániidígo yiih híí'eez jiní.

2. Áádóósha'? *

   Łį́į' doozhǫhii yizloh jiní.

---

* Then what happened?

95

3. Áádóósh haa hóót'įįd jiní?

   Łį́į́' bił dah diłwód dǫ́ǫ́ biníshóód jiní.

4. Haa nízahgo nabishood?

   T'áá íiyisí nízah t'áá nabishoodgo.

5. Áádóó haa hóót'įįd jiní.

   Áádóó naníjiisxan jiní.

6. Áádóóshą' jiní?

   Áádóó shį́į́ yaago hakee' ániidí yę́ę jinééł'į́į'
   ńt'ę́ę́'. Hagod ta'i sinil jiní.

VERB PARADIGMS

Singular	Dual	Distributive Plural

To Put On - Perfective

#	Singular	Dual	Distributive Plural
1.	biih híí'eez	biih hiit'eez	biih dasiit'eez
2.	biih híní'eez	biih hoo'eez	biih dasoo'eez
3.	yiih híí'eez	yiih híí'eez	yiih daas'eez

To Lasso - Perfective

#	Singular	Dual	Distributive Plural
1.	séldḥ	siidloh	dasiidloh
2.	síníloh	sooloh	dasooloh
3.	yizloh	yizloh	deizloh

To Take Off Running   -   Perfective

1. shił dah diilwod   níhił dah diilwood   nihił dah diilwood

2. nił dah diilwod   nihił dah diilwood   nihił dah diilwood

3. bił dah diilwod   bił dah diilwood   bił dah diilwood

To Drag Along   -   Perfective

1. shiníshóód   nihiníshóód   nihiníshóód

2. niníshóód   nihíníshóód   nihiníshóód

3. biníshóód   biníshóód   dabiníshóód

To Drag Around For A Period of Time   -   Perfective

1. nashíshóód   nanihishóód   nanihishóód

2. nanishóód   nanihishóód   nanihishóód

3. nabishóód   nabishóód   ndabishóód

To Jerk Around   -   Perfective

1. naanáháłxan   naanáhisiilghan   naańdahisiilghan

2. naanáhíníłxan   naanáhisoołghan   naańdahisoołghan

3. naanáyiisxan   naanáyiisxan   naańdáyiisxan

To Look Down   -   Perfective

1. yaago nééł'į́į́'   yaago níil'į́į́'   yaago daníil'į́į́'

2. yaago níníł'į́į́'   yaago nóoł'į́į́'   yaago danóoł'į́į́'

3. yaago yinééł'į́į́'   yaago yinééł'į́į́'   yaago deinééł'į́į́'

97

T E X T   20

Ałk'iidą́ą́' léi' jiní ashkii dóó bimá t'áá sáhí sikée
jiní. Ńt'ę́ę́' ashkii yázhí tł'óo'di naané jiní. Ńt'ę́ę́' shį́į́
bimá ch'élwodgo ábíłní jiní: "Ńlááh dibé wóshdę́ę́' naníłkaad,"
ní jiní.

Ńt'ę́ę́' ashkii yázhí ání jiní: "Áłtsé," ní jiní.

Áádóó bimá yah ánálwod t'áá íiyisíí náhoodo'na'go.
Ńt'ę́ę́' bimá ch'ínáánálwod. Ńt'ę́ę́' bimá ánáabíłní jiní:
"Ńlááh dibé wóshdę́ę́' naníłkaad t'ah doo nits'ą́ą́' yóó'
iikááhdą́ą́'," bíłní jiní.

Áádóó ńt'ę́ę́' ashkii yázhí ání jiní: "Áłtsé," náádoo'-
niid jiní.

Áádóó ńt'éé' bimá ábíłní jiní: "Shash lá haayit'é!"

Áádóó ńt'éé' ashkii yázhí áníílá jiní: "Shash di'il,"
ní jiní.

98

Once long ago a boy and his mother were at home alone.

The boy was playing outside. The mother went outside and said to him: "Go herd the sheep in."

The boy replied: "Wait a moment."

His mother went back inside. A long time passed and she went out again. She said once more: "Go herd the sheep in before they get lost."

The boy replied as before: "Wait a moment."

His mother said: "What's the matter with you, anyway?"

The boy said: "A bear is hairy."

EXPLANATION OF TEXT

The solution lies within the confusion of the literal meaning
of the utterance shash lá haayit'é (What is a bear like?) and its
imprecatory significance. Navajo swearing and/or expletives of
exasperation are heavy in the use of animal names. To cite a few
expressions:

> tł'iish bizéé'déé'

> > (you are) out of the mouth of a snake!

> shash kéyahdéé'

> > (you're) from the land of the bears!

> ma'ii kéyahgóó dínááh

> > go to the land of the coyote

The expression shash lá hayit'é is gentle in word, but
manages to convey the feeling of expletive.

The boy, innocently or otherwise, chooses, in a word, to
describe the bear.

UTTERANCES FROM THE TEXT

1. ałk'iidą́ą́' léi' jiní . . .

> a long time ago . . .

2. Ashkii dóó bimá . . .

> a boy and his mother . . .

100

3. t'aa sáhí sikée jiní . . .

> were (home) alone

4. n̂t'ę́ę́' ashkii yázhí tł'óo'di naané . . .

> the little boy was playing outside . . .

5. n̂t'ę́ę́' shį́į́ bimá ch'élwodgo ábíłní jiní . . .

> then, the mother, going out, said . . .

6. n̂lááh dibé wóshdę́ę́' naníłkaad

> go and herd in the sheep

7. n̂t'ę́ę́' ashkii yázhí ání jiní

> then the boy said

8. "ál̂tsé," ní jiní

> "Wait (a moment)," he said

9. áádóó bimá yah análwod . . .

> then his mother went back in . . .

10. t'áá íiyisí náhoodo'na'go

> for a long time

11. n̂t'ę̌ę̌' bimá ch'ínáánálwod

> then his mother came out again

12. n̂lááh dibé wóshdę́ę́' naníłkaad . . .

> go and herd in the sheep . . .

13. t'ah doo nits'ą́ą́' yóó' iikááhdą́ą́', bíłní jiní

> before they run away from you,
> she said to him

101

14. "áłtsé," náádoo'niid

> "wait!" he said again

15. Shash lá haayit'é?

> lit., What's a bear like? (Colloquial, What the dickens is wrong with you?)

16. "shash di'il," ní jiní

> "a bear is hairy," he said

VOCABULARY

1. ałk'iidą́ą́'   a long time ago

2. t'áá sáhí   alone

3. siké   they two are(were) sitting(staying)

4. sikée jiní   they two were alone (sitting); additional vowel (e) represents the lower scale of high-low tone in a terminal vowel whose consonantal-vocalic successor is low toned.

5. tł'óo'di   outside

6. nąané   he, she is(were) playing

7. ch'élwod(go)   he, she ran out

8. ábíłní   she(he) said to him(her)

9. nílááh   go on, go ahead

10. dibé   the, a sheep

11. wóshdę́ę́'   this way, toward us,me, from there to here

12. naníłkaad   you herd them

102

13. áłtsé   first; wait!

14. yah ánálwod   he, she ran back inside

15. t'áá íiyisí   very much, a lot

16. náhoodo'na'go   time it passed

17. bimá   his mother

18. ch'ínáánálwod   back out again

19. t'ah   still

20. doo   not

21. nits'ą́ą́'   from you

22. yóó' iikááhdą́ą́'   they run away

23. náádoo'niid   he said again

24. shash   the, a bear

25. lá   an intensifying particle

26. haayit'é   what is it like? How?

27. di'il   he, she, it is hairy

QUESTIONS

1. Háísh t'áá sáhí siké?

        Ashkii doo bimá t'áá sáhí siké jiní.

2. Háadi ashkii naané?

        Tł'óo'di naané.

103

3. Bímááshsch'élwod?

> Aoo', ch'élwod jiní.

4. Bimá ha'át'íí ní jiní?

> "Ńlááh dibé wóshdéé' naníłkaad," ní jiní.

5. Ashkii ha'át'íí ní jiní?

> "Áłtsé," ní jiní.

6. Bímáásh yah análwod?

> Aoo, yah análwod jiní.

7. Áádóósha' jiní?

> Ch'ínáánálwod jiní.

8. Áádóó bimá ha'át'íí náádoo'niid jiní?

> "Ńlááh dibé wóshdéé' naníłkaad t'ah doo
> nits'ą́ą́' yóó' iikááhdą́ą́'," jiní.

9. Áádóósha' jiní?

> Áádóó ashkii "Áłtsé," náádoo'niid jiní.

10. Áko índa bimá ha'át'íí biłní jiní?

> "Shash lá haayit'é," biłní jiní.

11. Áádóó ńt'éé' ashkii ha'át'íí ní jiní?

> "Shash dí'il," ní jiní.

VERB PARADIGMS

Singular	Dual	Distributive Plural

To Go Back In - Perfective

1. yah ánáshwod   yah ánáinoolcháá'   yah anéijéé'

2. yah ánéínílwod   yah anáínoołcháá'   yah anáoojéé'

3. yah análwod   yah ánáinoolcháá'   yah anáájéé'

To Go Back Out Again - Perfective

1. ch'ínáánishwod   ch'ínáhiniilcháá'   ch'ínáánii jéé'

2. ch'ínéínílwod   ch'ínáhinoołcháá'   chínáánoohjéé'

3. ch'ínáánálwod   ch'ínáhinoolcháá'   ch'ínááníjéé'

To Get Lost - Imperfective

1. yóó' iishááh   yóó' iit'ash   yóó' iikááh

2. yóó' inááh   yóó' ooh'ash   yóó' oohkááh

3. yóó' iighááh   yóó' ii'ash   yóó' iikááh

T E X T   21

Asdzą́ léi' jiní badaní shį́į́ dibéshzhiní wolyéego jiní.
Ákoshį́į́ ch'aa ííyá jiní. Ńt'éé shį́į́ t'óó báhádzidgo deesdoi
shį́į́ ch'aa ííyáá jiní.

Ákoshį́į́ hado shį́į́ yik'ee na'íígo' jiní. Ńt'éé shį́į́ asdzą́
bich'é'é shį́į́ ná'noołkałgo badaní yiyiiłtsą́ lá jiní. Áádóó
shį́į́ at'ééd hooghangóó nálwod jiní. Áádóó bimá ííłní jiní.
"Shimá," ní jiní, "dibéshzhiní yę́ę́ na'íígo' lá," ní jiní.

Áádóó shį́į́ asdzą́ ání jiní: "Yú-úh, naahgóó tį'.
Shibéézh ahédiłí yę́ę́ háadi? Tį́ tádidiigish," ní jiní.

Áádóó shį́į́ at'ééd bimá ákǫ́ǫ́ yił naazh'áázh. Áádóó ńt'éé
doo éi da ááhyiłníí lá jiní: "Yú-úh shą́ąshą', shidibéshzhiní
yę́ę́ áłdiníí lá. K'asdą́ą́' shadaní da tádiigizh."

TRANSLATION OF THE TEXT

A woman had a son-in-law named Black Sheep. He went

for a long walk. He went when it was terribly hot. He

keeled over from the heat. The woman's daughter, who was

herding sheep, saw him. The girl ran back to the hogan. She

said to her mother: "The black sheep has fallen over uncon-

scious," she said.

The woman replied: "O-o-h, lets go. Where are my

shears? Let's shear him."

The girl and her mother went there together. But she

(the girl) had meant differently. "Ooh, I thought you meant

my black sheep. We almost sheared my son-in-law."

EXPLANATION OF THE TEXT

Little explanation is needed for this situational
son-in-law joke. It speaks for itself. There is the dis-
tinct possibility of a practical joke being played by the
girl--since she accompanies her grandmother to the shearing
without comment.

UTTERANCES FROM THE TEXT

1. asdzą́ léi' jiní - a certain woman

2. badaní shį́į́ dibéshzhiní wolyéego jiní

   - her son-in-law was named

   Black Sheep

3. ákoshį́į́ ch'aa ííyá jiní

   - then he went out for a walk

4. ńt'éé' shį́į́ t'óó báhádzidgo deesdoi shį́į́ ch'aa ííyá jiní

   - it was terribly hot when he

   went for a walk

5. ákoshį́į́ hado shį́į́ yik'ee na'íígo' jiní

   - he keeled over from the heat

6. ńt'éé' shį́į́ asdzą́ bich'é'é shį́į́

   - the woman's daughter

108

7. ná'noołkáłgo badaní yiyiiłtsą́ lá jiní

   - saw him as she was herding (sheep)

   back home

8. áádóó shį́į́ at'ééd hooghangóó nálwod jiní

   - then the girl ran home

9. áádóó bimá ííłní jiní

   - she said to her mother

10. shimá, ní jiní   -   Mother, she said

11. dibéshzhiní yę́ę na'íígo' lá, ní jiní

    - the black sheep keeled over,

    she said

12. áádóó shį́į́ asdzą́ ní jiní

    - then the woman said

13. yú-úh, naahgóó tį'

    - o-oh, let's go

14. Shibéézh ahédiłí yę́ę háadi?

    - Where are my scissors?

15. Tį' tádidiigish, ní jiní

    - Come on, let's go shear, she said

16. áádóó shį́į́ at'ééd bimá ákǫ́ǫ́ yił naazh'áázh

    - then the girl went over there

    with her mother

109

17. áádóó ńt'éé' doo éi da ááhyiłníí lá jiní

> - but she had meant differently
>
>   (she didn't mean that one)

18. yú-úh, sháasha' shidibéshzhiní yéé áłdiníí lá

> - o-oh, I thought you meant my
>
>   black sheep

19. K'asdáá' shadaní da tádiigizh

> - We almost sheared my son-in-law

VOCABULARY

1. asdzá   woman

2. badaní   her son-in-law

3. dibéshzhiní   black sheep
                       (a form of dibé łizhiní)

4. wolyéego   he, she, it being called, named

5. ákoshíí   then probably

6. ch'aa ííyá   he went for a walk

7. t'óó báhádzidgo   frightfully, terribly

8. deesdoi   it is hot

9. hado   heat

10. yik'ee   on account of it

11. na'íígo'   he keeled over

12. bich'é'é   her daughter

13. ná'noołkałgo   herding sheep

110

14.	yiyiiłtsą́	she saw him
15.	at'ééd	the girl
16.	hooghangóó	toward home
17.	nálwod	she ran back
18.	bimá	her mother
19.	naahgóó tį'	let's go over there
20.	shibéézh ahédiłí	my scissors
21.	háadi	where?
22.	tádidiigish	let's shear, we two shall shear
23.	ákǫ́ǫ́	over there
24.	yił naazh'ą́ą́zh	she went with her
25.	doo éi da	not that one
26.	ááhyiłníí lá	she meant
27.	shą́ąshą'	we-e-ll, you implied (difficult to translate exactly)
28.	shidibéshzhiní yę́ę	my black sheep
29.	k'asdą́ą́'	almost
30.	shadaní	my son-in-law
31.	tádiigizh	we sheared

QUESTIONS

1. Asdzą́ą́sh badaní haa wolyé lá jiní?

        Dibéshzhiní wolyé lá jiní.

2. Badaníísh háágóó ííyá jiní?

        Ch'aa ííyá jiní.

3. Áádóoshą' haaidzaa jiní?

                Hado yik'ee na'íígo' jiní.

4. Áádóósh háí badaní yiyiiłtsą́ lá jiní?

              At'ééd badaní yiyiiłtsą́ ní jiní.

5. Áádóoshą' jiní?   Áádóó at'ééd hooghangóó nálwod jiní.

6. Ha'át'íí bimá yiłní jiní?

              "Shimá, dibéshzhiní yę́ę na'íígo'

              lá," ní jiní.

7. Áádóoshą' jiní?   Áádóó shį́į́ amá dóó bich'é'é

              ákǫ́ǫ́ naazh'áázh.

8. Ńt'éé' haa hóót'įįd?

              Ńt'éé' doo éí ááhyiłníí da lá jiní.

9. Ákosh amá ha'át'íí ní jiní?

              Y-ú-úh, shą́ąshą', shidibéshzhiní

              yę́ę áłdiníí lá. K'asdą́ą́' shadaní

              da tádiigizh.

VERB PARADIGMS

Singular	Dual	Distributive Plural

To Keel Over, Fall Over — Perfective

	Singular	Dual	Distributive Plural
1.	na'íígo'	na'aniidee'	na'aniidee'
2.	na'íínígo'	na'anoohdee'	na'anoohdee'
3.	na'íígo'	na'aníídee'	na'aníídee'

To Herd Back In — Imperfective

	Singular	Dual	Distributive Plural
1.	ná'neeshkał	ná'niilkał	ńda'niilkał
2.	ná'nííłkał	ná'noołkał	ńda'noołkał
3.	ná'noołkał	ná'noołkał	ńda'noołkał

To Take A Walk

See page 121 for ííyáá (prepound ch'aa)

To See

See page 127

To Run Back

See page 126

To Shear It — Future

	Singular	Dual	Distributive Plural
1.	tádídeeshgish	tádidiigish	tádadidiigish
2.	tádidíígish	tádidoohgish	tádadidoohgish
3.	táididoogish	táididoogish	tádaididoogish

To **Shear** **It** (a sheep) — **Perfective**

1. tádíígizh   tádiigizh   tádadiigizh

2. tádíínígizh   tádoogizh   tádadoogizh

3. táidíígizh   táidíígizh   tádeidíígizh

Verb Paradigms

Alphabetical Listing
(English)

Singular	Dual	Distributive Plural

Arrive

To Arrive, to Go   -   Future

1. deesháál	diit'ash	diikah
2. díínáál	dooh'ash	doohkah
3. doogáál	doo'ash	dookah

To Arrive, to Come, to Go   -   Perfective

1. níyá	niit'áázh	niikai
2. yíníyá	noo'áázh	noohkai
3. níyá	ní'áázh	yíkai

Ask

To Ask   -   Perfective

1. na'ídééłkid	na'ídíilkid	nda'ídíilkid
2. na'ídíiníłkid	na'ídóołkid	nda'ídóołkid
3. na'ídééłkid	na'ídééłkid	nda'ídééłkid

Beat

To Beat It (Corn)   -   Imperfective (transitive)

1. yishhaał	yiilghaał	deiilghaał
2. niłhaał	wołhaał	daołhaał
3. yiłhaał	yiłhaał	deiłhaał

115

Bruise

To Bruise One's Knee - Perfective (1st three persons singular)

1. shigod shéłtłish
2. nigod shíníłtłish
3. bigod yishtłish

Buy

To Buy or Sell It - Perfective

1. naháłnii'   naheelnii'   nadaheelnii'
2. nahíníłnii'   nahoołnii'   nadahoołnii'
3. nayiisnii'   nayiisnii'   nadayiisnii'

Catch

To Catch Up With It - Perfective

1. bíníyá   bíniit'áázh   bíniikai
2. bííníyá   bínoo'áázh   bínoohkai
3. yíníyá   yíní'áázh   yíníkai

Come

To Come - Perfective (See To Arrive, page 115)

To Come Back, To Return - Perfective

1. nánísdzá   nániit'áázh   nániikai
2. néínídzá   nánoot'áázh   nánoohkai
3. nádzá   nát'áázh   nákai

To Come On Horseback - (1st three persons singular)

1. shił yíldlǫǫzh
2. nił yíldlǫǫzh
3. bił yíldlǫǫzh

116

Come

To Come Upon It, Him, Her (to meet) - Perfective

1. bik'íníyá   bik'íniit'áázh   bik'íniikai

2. bik'ííníyá   bik'ínoo'áázh   bik'ínóohkai

3. yik'íníyá   yik'íní'áázh   yik'ínikai

Count

To Count Them - Imperfective

1. yíníshta'   yíníilta'   deíníilta'

2. yíníłta'   yínółta'   deínółta'

3. yółta'   yółta'   dayółta'

To Count Them - Continuative Imperfective

1. yíníshta'   yíníilta'   deíníilta'

2. yíníłta'   yínółta'   deínółta'

3. yółta'   yółta'   dayółta'

To Count Them - Perfective

L. yíłta'   yíilta'   deíilta'

2. yíníłta'   wóołta'   daбółta'

3. yiyííłta'   yiyííłta'   deiyííłta'

Crawl

To Crawl to a Certain Place - Perfective

1. nánísh'na'   néíi'na'   ńdéii'na'

2. néíní'na'   náoh'na'   ńdáoh'na'

3. ná'na'   ná'na'   ńdá'na'

117

Crawl

To Start To Crawl - Perfective

1. nikeesh'na'   nikii'na'   nikidasii'na'
2. nikíín'na'   nikooh'na'   nikidasooh'na'
3. nikee'na'   nikee'na'   nikidas'na'

Do

To Do It, to Make - Usitative

1. ásh'į́   íil'į́   ádéiil'į́
2. áníł'į́   ół'į́   ádaooł'į́
3. ííł'į́   ííł'į́   ádeiił'į́

Drag

To Drag Along - Perfective

1. shiníshóód   nihiníshóód   nihiníshóód
2. niníshóód   nihíníshóód   nihiníshóód
3. biníshóód   biníshóód   dabiníshóód

To Drag Around For A Period of Time - Perfective

1. nashishóód   nanihishóód   nanihishóód
2. nanishóód   nanihishóód   nanihishóód
3. nabishóód   nabishóód   ndabishóód

Eat

To Eat (intransitive) - Imperfective

1. ashą́   iidą́   da'iidą́
2. íyą́   ohsą́   da'oohsą́
3. ayą́   ayą́   da'ayą́

118

Fall

To Fall Over, To Keel Over - Perfective

1. na'íígo'   na'aniidee'   na'aniidee'

2. na'íínígo'   na'anoohdee'   na'anoohdee'

3. na'íígo'   na'aníídee'   na'aníídee'

Get Off

To Get Off - Perfective

1. adaashwod   adeit'áázh   adeijéé'

2. adéíñlwod   adaoh'áázh   adaohjéé'

3. adaalwod   adáá'áázh   adáájéé'

To Get Off - Perfective

1. hadáshwod   hadahiniilcháá'   hadahdadiijéé'

2. hadéínlwod   hadahinoohlcháá'   hadahdidoohjéé'

3. hadalwod   hadahinoolcháá'   hadahdidoojéé'

Fight

To Get In a Fight - Perfective

1. bił ak'iishwod   bił ałk'íilwod   bił ałk'idéíilwod

2. bił ak'íínílwod   bił ałk'iootwod   bił ałk'idaootwod

3. yił ak'íílwod   yił ałk'íílwod   yił ałk'idéilwod

Gather

To Gather Pinons - Imperfective

1. neesch'íí' náháshłááh   neeshch'íí' náhiidlááh   neesch'íí' ńdahiidlááh

2. neesch'íí' náhílááh   neeshch'íí' náhołááh   neesch'íí' ńdahołááh

3. neesch'íí' náyiilááh   neeshch'íí' náyiilááh   neesch'íí' ńdayiilááh

Go

To Go - Future (See To Arrive, page 115)

To Go - Perfective (See To Arrive, page 115)

To Go (and come back) - Perfective

1. niséyá   nishiit'áázh   nisiikai

2. nisiníyá   nishoo'áázh   nisoohkai

3. naayá   naazh'áázh   naaskai

To Go (and return) - Si-Perfective

1. déyá   deet'áázh   deekai

2. díníyá   dishoo'áázh   disoohkai

3. deeyá   deezh'áázh   deeskai

To Go Back In - Perfective

1. yah ánáshwod   yah ánáinoolcháá'   yah anéijéé'

2. yah ánéínílwod   yah anáínoołcháá'   yah anáoojéé'

3. yah ánálwod   yah ánéinoolcháá'   yah anáájéé'

To Go Back Out Again - Perfective

1. ch'ínáánishwod   ch'ínáhiniilcháá'   ch'ínáánii jéé'

2. ch'ínéínílwod   ch'ínáhinoołcháá'   ch'ínáánooh jéé'

3. ch'ínáánálwod   ch'ínáhinoolcháá'   ch'ínáání jéé'

To Go Back, to Return - Si-perfective

1. nádésdzá   nádeet'áázh   nádeekai

2. nádísnídzá   nádishoot'áázh   nádisoohkai

3. nádeesdzá   nádeesht'áázh   nádeeskai

Go

To Go Home   -   Perfective

1. anáshwod   anáhi'niilcháá'   anéijéé'

2. anéínílwod   anáhi'noołcháá'   anáoohjéé'

3. análwod   anáhi'noolcháá'   anáájéé'

To Go Into   -   Perfective

1. yah ííyá   yah íit'áázh   yah ííkai

2. yah ííníyá   yah oo'áázh   yah ookai

3. yah ííyá   yah íí'áázh   yah eekai

To Start Going Along   -   Si-perfective

1. déyá   deet'áázh   deekai

2. díníyá   dishoo'áázh   disoohkai

3. deeyá   deezh'áázh   deeskai

Hear

To Hear It, To Understand It   -   Continuative Imperfective

1. diists'a'   diits'a'   dadiits'a'

2. dinits'a'   doohts'a'   dadoohts'a'

3. yidíits'a'   yidiits'a'   deidiits'a'

To Hear It, To Understand It   -   Perfective

1. diséts'áá'   disiits'áá'   dadisiits'áá'

2. disíníts'áá'   disoots'áá'   dadisoots'áá'

3. yidiizts'áá'   yidiizts'áá'   deiidiizts'áá'

Herd

To Herd Back In - Imperfective

1. ná'neeshkał   ná'niilkał   ńda'niilkał
2. ná'níiłkał   ná'noołkał   ńda'noołkał
3. ná'noołkał   ná'noołkał   ńda'noołkał

Jerk

To Jerk Around - Perfective

1. naanáháłxan   naanáhisiilghan   naańdahisiilghan
2. naanáhíníłxan   naanáhisoołghan   naańdahisoołghan
3. naanáyiisxan   naanáyiisxan   naańdáyiisxan

Jump

To Jump - Repetitive

1. dah náníshjį́į́h   dah nániiljį́į́h   dah ńdaniiljį́į́h
2. dah náníljį́į́h   dah nánóół jį́į́h   dah ńdanooł jį́į́h
3. dah náníljį́į́h   dah náníljį́į́h   dah ńdanịljį́į́h

Keel Over

To Keel Over - Perfective (See To Fall Over, page 119

Kneel

To Kneel Down - Perfective

1. nikidéshgo'   nikidisiilgo'   nikidasiilgo'
2. nikidínílgo'   nikidoołgo'   nikidadoołgo'
3. nikideesgo'   nikideesgo'   nikidadeesgo'

Lasso

To Lasso - Perfective

1. séloh   siidloh   dasiidloh

2. síníloh   sooloh   dasooloh

3. yizloh   yizloh   deizloh

Leave

To Leave For A Place - Perfective

1. dah diiyá   dah diit'áázh   dah diikai

2. dah diniyá   dah dooh'áázh   dah doohkai

3. dah diiyá   dah dii'áázh   dah diikai

Look

To Look At It, Him - Future

1. dínéesh'įįł   díníil'įįł   dadíníil'įįł

2. dínííł'įįł   dínóoł'įįł   dadínóoł'įįł

3. yidínóoł'įįł   yidínóoł'įįł   deidinóoł'įįł

To Look Down - Perfective

1. yaago nééł'įį'   yaago níil'įį'   yaago daníil'įį'

2. yaago níníł'įį'   yaago nóoł'įį'   yaago danóoł'įį'

3. yaago yinééł'įį'   yaago yinééł'įį'   yaago deinééł'įį'

Lie Down

To Lie Down - Si-perfective

1. sétį   shiitéézh   shiijéé'

2. sínítį   shootéézh   shoojéé'

3. sitį   shitéézh   shijéé'

123

Lose

To Get Lost - Imperfective

1. yóó iisháah	yóó iit'ash	yóó iikááh
2. yóó anináah	yóó ooh'ash	yóó oohkááh
3. yóó iigháah	yóó ií'ash	yóó iikááh

Make

To Make It - Continuative Usitative   (See To Do It, page 118)

Meet

To Meet - Perfective   (See To Come Upon Him, page 117)

To Meet One - Perfective

1. bidááh níyá	bidááh niit'áázh	bidááh niikai
2. bidááh yíníyá	bidááh noo'áázh	bidááh noohkai
3. yidááh níyá	yidááh ní'áázh	yidááh yíkai

Move

To Be Going To Move - Si-perfective

1. déná	dee'ná	dadee'ná
2. díníná	dooh'ná	dadooh'ná
3. deezná	deezná	dadeezná

Open

To Open It - Perfective

1. aa ííshłaa	aa íilyaa	aa ádeiilyaa
2. áá íínidlaa	aa óóhłaa	aa ádaoohłaa
3. áá ííyiilaa	aa ííyiilaa	aa ádayiilaa

Play

To Play - Imperfective

1. naashné   neii'né   ndeii'né

2. naaniné   naahné   ndaahné

3. naané   naané   ndaané

Push

To Push It - Future

1. bídíshxííł   bídiigííł   bídadiigííł

2. bídíyííł   bídoohyííł   bídadoohyííł

3. yídíyííł   yídíyííł   yídayíyííł

Put

To Put On - Perfective

1. biih híí'eez   biih hiit'eez   biih dasiit'eez

2. biih híní'eez   biih hoo'eez   biih dasoo'eez

3. yiih híí'eez   yiih híí'eez   yiih daaz'eez

Return

To Return - Perfective

1. nánísdzá   nániit'áázh   nániikai

2. néíñídzá   nánoot'áázh   nánoohkai

3. nádzá   nát'áázh   nákai

To Return - Si-perfective (See To Go Back, page 120)

125

Ride

    To Ride Along In (Progressive - the vehicle is running along
                                with me, etc.)

       tsinaabąąs shił yilwoł   -I am riding along in a wagon

       tsinaabąąs nił yilwoł   -You are riding along in a wagon

       tsinaabąąs bił yilwoł   -he is riding along in a wagon

Run

    To Run Away -

1.	yóó ííyáá	yóó íí'áázh	yóó iijéé'
2.	yóó íníyá	yóó ooh'áázh	yóó oohjéé'
3.	yóó ííyáá	yóó oo'áázh	yóó íí jéé'

    To Run Back - Perfective

1.	náníshwod	náhini'niilcháá'	nániijéé'
2.	néínílwod	náhini'noołcháá'	nánóójéé'
3.	nálwod	náhini'neelcháá'	náníjéé'

    To Run To It - Perfective

1.	nséswod	nahishi'niilcháá'	nishiijéé'
2.	nsínílwod	nahishi'noołcháá'	nishoohjéé'
3.	naaswod	nahi'neeshchąą'	naazhjéé'

    To Take Off Running - Perfective

1.	shił dah diilwod	nihił dah diilwood	nihił dah diilwood
2.	nił dah diilwod	nihił dah diilwood	nihił dah diilwood
3.	bił dah diilwod	bił dah diilwood	bił dah diilwood

Say

To Say It - Continuative Imperfective

1.	dishní	dii'ní	dadii'ní
2.	diní	dohní	dadohní
3.	ní (ání)	ní (ání)	daaní

Search

To Search For It - Continuative Imperfective

1.	hanishtá	haniitá	hadaniitá
2.	hanítá	hanohtá	hadanohtá
3.	hainitá	hainitá	hadainitá

See

To See Him - Perfective

1.	yiiłtsą́	yiiltsą́	deiiltsą́
2.	yiniłtsą́	yooltsą́	dawooltsą́
3.	yiyiiłtsą́	yiyiiłtsą́	dayiiłtsą́

Sell

To Sell It - Perfective (See To Buy It, page 116)

Shear

To Shear It - Future

1.	tádideeshgish	tádidiigish	tádadidiigish
2.	tádidíígish	tádidoohgish	tádadidoohgish
3.	táididoogish	táididoogish	tádaididoogish

Shear

To Shear It - Perfective

1. tádíígizh   tádiiigizh   tádadiiigizh

2. tádíínígizh   tádoogizh   tádadoogizh

3. táidíígizh   táidíígizh   tádeidíígizh

Shell

To Shell It (Corn) - Imperfective (See To Beat It, page 115)

Shoot

To Shoot It (bow & arrow) - Perfective

1. séłkah   siilkah   dasiilkah

2. síníłkah   soołkah   dasoołkah

3. yiskah   yiskah   deiskah

To Shoot It (bow & arrow) - Future

1. deeshkaah   diilkaah   dadiilkaah

2. dííłkaah   doołkaah   dadoołkaah

3. doołkaah   doołkaah   dadoołkaah

Sit

To Sit, To Be At Home - Si-perfective

1. sédá   siiké   naháatą

2. sínídá   soohké   nahóotą

3. sídá   siké   naháaztą

Step

To Step On It - Future

1. bił ididideeshtał   bił ididiiltał   bił da'ididiiltał

2. bił ididííłtał   bił ididoohłtał   bił da'ididoohłtał

3. yił ididoołtał   yił ididoołtał   yił da'ididoołtał

To Step On It - Perfective

1. bik'idiishtáál   bik'idiiltáál   bik'idadiiltáál

2. bik'idiniltáál   bik'idoołtáál   bik'idadoołtáál

3. yik'idiiltáál   yik'idiiltáál   yik'idadiiltáál

Take

To Take Something Along - Perfective

1. dahidiijaa'   dahdiijaa'   dahdajiijaa'

2. dahidinijaa'   dahdoohjaa'   dahdadoohjaa'

3. dahidiijaa'   dahidiijaa'   dahdeiidiijaa'

Tease

To Tease - Imperfect

1. baa yishdlohgo   baa yiidlohgo   baa deiidlohgo

2. baa yídlohgo   baa yoohdlohgo   baa daoohdlohgo

3. yaa yidlohgo   yaa yidlohgo   yaa deidlohgo

Track

To Track; to Shoot (bow & arrow) See To Shoot, page 128

Understand

To Understand It - Perfective (See To Hear It, page 121)

To Understand It - Continuative Imperfect (See To Hear It, page 121)

Urinate

    To Urinate - Continuative Imperfect

1. ashłizh   iilizh   da'iilizh

2. ílizh   ohlizh   da'ohlizh

3. alizh   alizh   da'alizh

Walk

    To Take A Walk   (See page 121 for ííyáá and then prepound ch'áá